독일 에너지 정책과
패시브하우스의 성공요인

이 저서는 2017년 부경대학교 CORE사업운영지원금의 지원을 받아 수행된 저서임

독일 에너지 정책과
패시브하우스의 성공요인

13

정해조 지음

한국학술정보

목 차

제1장 서 론

제2장 독일 에너지정책의 배경

제3장 패시브하우스의 개념과 공법

제4장 국내 패시브하우스의 한계와 문제점

제5장 독일 패시브하우스의 거주후평가(POE)

제6장 독일 패시브하우스의 기술적 핵심성공요인(CSFs)

제7장 VE 기능분석을 통한 패시브하우스(PH) 성능평가기준

제8장 결 론

〈그림 목차〉

제 1 장

서 론

1.1 연구배경 및 목적

본 연구는 21세기 인류에게 주어진 전지구적 과제 중의 하나인 에너지 문제에 대해 이 분야의 선도적 국가인 독일의 에너지정책을 분석하고 실제 산업현장과 주민의 삶에 적용된 사례인 독일 패시브하우스에 대한 실증연구를 하여, 패시브하우스의 국내 적용시에 유의점을 파악하고, 한국의 에너지 정책과 건설현장에서의 실현에 대한 시사점을 제시하고자 한다.

지속가능한 발전에 부응하고, 기후변화에 대응한 독일의 에너지정책은 에너지 이용의 경제성, 에너지 공급의 안정성, 에너지의 환경 친화적 이용을 목표로 하고 있다. 이를 위해 독일 정부는 '에너지 효율성 증진' 및 '재생가능에너지 사용 확대'를 정책의 근간으로 하여, 에너지의 대외 의존도를 낮추려고 한다. 따라서 에너지 공급 측면에서 재생에너지의 개발 이용을 확대하여 에너지 공급의 안정성을 도모하고, 에너지 수요 측면에서 에너지 절감과 효율 증대를 위한 제반 정책을 지속적으로 추진하고 있다. 독일 정부는 2020년까지

에너지효율을 20% 증진한다는 목표를 설정하고, 법 규정이나 각종 제도적 지원정책을 통해 에너지 효율을 증진하고 있다. 특히, 독일은 건축물 열에너지 효율 수준에서 세계 최고 수준을 유지하고 있다. 그런 차원에서 기존 건물을 더욱 에너지 효율적인 방식으로 개축하도록 보조금, 저리 대출 등 각종 지원정책을 시행 - CO₂ 감축 건물개조 프로그램 - 하고 있다. 또한 2009년 1월부터 신축건물은 현행보다 난방 에너지를 30% 절감할 수 있는 방식으로 건축하도록 의무화하고 있다. 독일은 모든 주택건물에 대해 에너지 증서 제도를 시행함으로써 개별 건물의 에너지 효율을 알 수 있도록 의무화하고 있다.

독일정부가 추진 중인 에너지정책의 수단으로는 재생에너지 촉진 프로그램과 재생에너지법, 열병합발전확대법, 건축물에 대한 다양한 이산화탄소감축 및 개보수지원프로그램, 에너지절약법, 생태적 세제 개혁 등을 들 수 있다. 이 중에서 건축물부문의 에너지절약을 위한 독일정부의 정책은 '이산화탄소감축을 위한 건축물개보수지원프로그램'(KfW-CO₂-Gebäudesanierungs programm)과 '에너지절약법' (Energieein sparverordnung:EnEV) 으로 요약된다.

이런 독일정부의 에너지정책으로 에너지효율이 높은 건축물과 에너지를 절감할 수 있는 저에너지주택, 일반주택의 난방에너지의 10-20% 수준에 불과한 패시브하우스(Passive House), 에너지자급률이 100% 인 제로에너지도시 건설이 추진되고 있다.

본 연구에서 중점적으로 다루고자 하는 내용은 기존 건물의 에너지사용의 70% 이상을 절약할 수 있는 패시브하우스에 대한 연구를 수행하고자 한다. 패시브하우스(Passive House)는 1988년 스웨덴 룬트 (Lund) 대학의 아담손 교수 (Prof. Bo Adamson)와 오스트리아 인

스부르크(Innsbruck) 대학의 파이스트 교수(Prof. Wolfgang Feist) (당시 다름슈타트 Darmstadt 공과대학 교수) 의 공동협력 작업에서 비롯되었다. 최초의 패시브하우스는 1991년 준공된 독일의 다름슈타트 크라니히슈타인 (Darmstadt Kranichstein)에 지어진 4세대 주거건물을 실질적인 시작으로 본다. 완공 후 모니터링을 실시한 결과 연간 난방에너지 사용은 약10kWh/m²로 독일의 일반 주거용 건물과 대비하여 약 90%의 에너지를 절감하는 것으로 나타났다. 현재 독일에 건축된 패시브하우스는 약 1만 8천 세대 정도이며, 2009년부터 프랑크푸르트시의 공공건물에는 패시브하우스 기준이 의무화되었고, 독일정부에서 10-30년 상환조건의 장기저리(2-3%) 로 5만 유로까지 융자를 해주고 있다.

본 연구에서는 독일의 건축물 에너지 절감에 획기적인 기여를 한 패시브하우스 공법을 소개하고, 국내 적용의 문제점을 파악하며, 독일에서 패시브하우스가 실제 거주민들에게 얼마나 만족감을 주는지를 조사하고, 이어서 독일에서 패시브하우스가 정착하게 된 기술적 핵심성공요인(CSFs)을 도출할 것이다. 그런 다음, VE의 기능분석을 통하여 성능평가 기준을 도출하여, 국내 건설현장에서 패시브하우스를 건축할 때, 적용할 항목들을 제시하므로써 한국의 에너지 정책과 건설산업현장에서 정책을 구현하는데 기여하고자 한다.

1.2 연구범위 및 방법

본 연구에서는 독일의 에너지정책과 독일의 에너지효율적이고 지속가능한 건축에 대한 광범위한 문헌조사와 독일 패시브하우스에 대한 거주후평가(Post Occupancy Evaluation: POE)와 기술적 핵심성공요인(Critical Sucess Fators: CSFs)을 도출하는 실증조사를 수행할 것이다.

거주후평가(POE)과정은 주로 프라이저(Wolfgang F.E. Preiser)(1993)의 거주후평가과정을 참조하여 진행할 계획이다. 독일 현지 패시브하우스 거주민을 상대로 패시브하우스의 기능에 대한 만족도와 패시브하우스에 대한 사회정책적 인지도에 대한 설문조사를 실시할 것이다.

패시브하우스의 기술적 핵심성공요인을 추출하기 위해서 문헌분석을 시행하고, 건축사례에 나타난 기술적 성공요인도 추출하며, 이를 바탕으로 전문가들이 보는 기술적 핵심성공요인에 대한 인터뷰와 설문조사를 시행할 것이다. 이를 토대로 여러 가지 성공요인들에 대한 종합순위를 얻기 위하여 의사결정사항들의 상대적인 중요도를 설정하여 패시브하우스의 기술적 핵심성공요인을 도출하고자 한다.

이를 활용하기 위한 방안을 찾기 위하여 가치공학의 방법을 적용할 것이다. 가치공학의 핵심인 기능분석은 기능정의-기능분류-기능정리(FAST Diagram)-기능평가의 순서로 진행되며, 대상이 지니고 있는 속성을 체계적으로 분석하는 방법이다. 이를 통해 기존 제품이나 서비스에 대한 다각적 접근이 가능하며, 비용과 기능(성능)을 개선할 수 있는 새로운 아이디어를 생성할 수 있는 가치개선 영역을 발굴할 수 있다. 특히, 본 연구에서 활용하고자 하는 FAST Diagram은 How와 Why의 논리적 관계를 규명하여 사고를 다변화할 수 있다. 따라서 사회과학적 부분과 공학적 부분의 연계과정에서 발생할 수 있는 문제점들을 극복하는데 효과적일 것으로 판단된다.

1.3 분석틀

   본 연구의 전체적인 구성은 다음의 분석틀로 요약된다. 독일정부는 <그림 1>과 같이 기후변화에 대응하고, 지속가능한 발전을 하기 위한 종합적인 에너지 정책을 수립하게 된다. 독일 에너지 정책 중에 건물에너지 감축을 위한 여러 가지 지원권장 제도를 만들고, 에너지 절감과 재생에너지 발전을 위한 법을 제정한다. 이런 제도와 법제정이 패시브하우스를 개발하고 보급하는데 중요한 역할을 하게 된다.<그림 2>

<그림 1.1> 분석틀1

<그림 1.2> 분석틀2

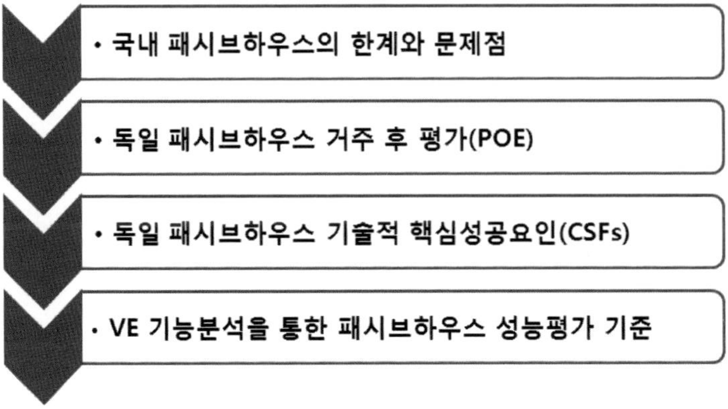

- 국내 패시브하우스의 한계와 문제점

- 독일 패시브하우스 거주 후 평가(POE)

- 독일 패시브하우스 기술적 핵심성공요인(CSFs)

- VE 기능분석을 통한 패시브하우스 성능평가 기준

<그림 1.3> 분석틀3

본 연구는 분석틀 1과 분석틀 2에서 제시한 독일 에너지 정책을 배경으로 패시브하우스의 핵심성공요인에 대한 연구를 진행할 것이다. 본 연구의 궁극적인 목적은 한국의 건물 에너지 절감과 쾌적한 주거환경을 갖춘 패시브하우스를 성공적으로 보급하기 위한 정책적 시사점을 제시하는 것이다. 그래서 <그림 1.3>에서의 분석틀 3과 같이, 먼저 국내 패시브하우스의 한계와 문제점을 살펴보고자 한다. 그 다음으로 독일에서는 패시브하우스에 거주하고 있는 주민들의 만족도를 조사하는 독일 패시브하우스 거주후평가(POE)를 실시할 것이다. 그런 다음 독일 패시브하우스의 기술적 핵심성공요인(CSFs)를 도출하고, VE 기능분석을 통한 패시브하우스의 성능평가 기준을 설정을 해보려고 한다.

이런 분석과정을 통해 한국의 에너지 정책에 대한 시사점과 패시브하우스 공법을 도입하여 한국의 녹색건설산업에 적용할 수 있는 정책을 제시하고자 한다. 또한 본 연구는 인문사회과학적 방법과 건설관리공학적 방법을 접목한 융합연구이다. 건설관리공학 분야에 지역학의 연구방법인 현지조사(필드워크: Field Work)와 학제적 접근으로 융합연구를 실현하고자 한다.

제 2 장

독일 에너지정책의 배경

2.1 기후변화

최근 들어 지구 곳곳에서 기상이변이 나타나고 있다. 유럽지역에 유례없는 폭풍우와 폭설 인하여 교통이 마비되고, 인명피해가 발생하였고, 미국 동부의 폭설과 남부 지역의 허리케인으로 인해 엄청난 재산과 인명 피해를 초래하였으며, 하와이에 눈이 내리기도 하였다. 브라질에서는 가뭄으로 식수조차 부족하였고, 인도에서는 폭염으로 많은 사람이 사망하였다. 필리핀에서는 슈퍼 태풍으로 영향권에 든 지역이 초토화되어 수많은 사람이 죽었고, 삶의 터전을 잃어 버렸다.

이런 기상이변이 잦아지고 피해가 심각하게 나타나는 주요 원인으로 지구온난화를 들고 있다. 지구의 온도는 지난 50년간 급격히 상승하였다. 지난 천년동안 어느 정도 평형을 유지하던 지구의 온도는<그림 2.1>에서와 같이 1900년대부터 빠른 속도로 상승하였다.

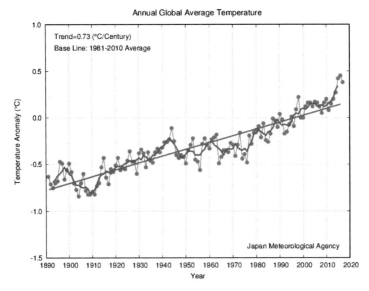

<그림 2.1> Annual global average temperature, 1890-2017[1]

　이는 산업화로 인하여 온실가스 농도가 증가하였기 때문으로 볼
수 있다. 이산화탄소, 메탄, 질소산화물과 같은 온실가스의 대기농도
가 증가하게 되면 온실효과가 크게 나타나게 된다. 석유와 석탄같은
화석연료를 많이 사용하게 됨에 따라 이산화탄소 발생이 과도하게
늘어났으며, 삼림을 벌채하고, 초원이 감소하게 되어 생태계가 파괴
되고 있다. 지구의 온도가 올라가면서 해수면도 상승하게 되었다.
빙하와 만년설이 점점 녹아내리게 된 원인도 되는 것이다.

---

1) http://ds.data.jma.go.jp/tcc/tcc/products/gwp/temp/ann_wld.html (2018.6.18. 검색)

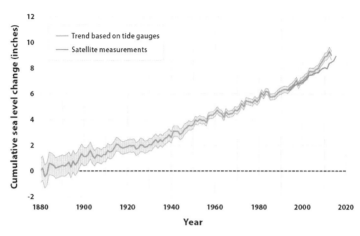

<그림 2.2> Global Average Absolute Sea Level Change, 1880-2015[2]

　기후변화는 지구의 세계기후 또는 지역기후의 시간에 따른 변화를 말한다. 10년에서부터 수백만 년 기간 동안 대기의 평균상태 변화를 의미하는데, 최근에는 '지구온난화'로 인한 기후변화를 가리키는 경우가 일반적이다.[3] 지구의 기온이 0.56℃ 상승하면 평균 1% 정도의 강설과 강우가 증가한다고 한다.[4] 이런 지구온난화는 평상적인 세계기후의 변화폭을 넘어서 예기치 않은 기상이변과 재난을 초래하고 있다.

　이런 기후변화에 대응하기 위해 유엔은 1992년 브라질의 리우에서 온실가스 감축을 위한 기후변화협약(United Nations Framework Convention on Climate Change: UNFCCC)을 채택하였고, 본 협약

2) https://www.epa.gov/climate-indicators/climate-change-indicators-sea-level (2018.6.18. 검색)

3) http://terms.naver.com/entry.nhn?docId=1397081&cid=42444&categoryId=42444

4) Hawken, Paul, Lovins, Amory, Lovins, L. Hunter, Natural Capitalism, Earthscan Publications, London, 1999, p.235.

은 1994년에 공식적으로 발효되었다. 여기에는 기후시스템에 대한 인간의 위험한 간섭을 예방하고, 온실가스 농도의 안정을 목표로 하였다. 이어서 1997년에는 교토에서 제3차 당사국 총회를 개최하였는데, 온실가스 감축에 구속력이 있는 합의를 하여 교토의정서를 채택하였다. 당사국들은 온실가스 배출량을 감축하기 위해 국가전략 차원에서 정책을 수립하고 이행하여 국가보고서를 제출하게 되었다. 특히 선진국에는 온실감축 의무 뿐만아니라 개도국을 지원하도록 하였다. 그런데 미국이 2001년에는 미국이 온실가스의 의무감축보다는 자발적으로 감축노력을 하고, 환경기술을 개발하겠다면서 교토의정서에 비준을 거부하였다. 그럼에도 불구하고 2005년에 교토의정서가 공식 발효되었다.

교토의정서의 주요 내용은 온실가스의 의무감축인데, 2008년부터 2012년까지 선진국들은 1990년 대비하여 평균 5.2%의 온실가스 배출량을 줄여야 한다. 이를 이행하기 위해 배출권거래제, 공동이행제도, 청정개발체제가 도입되었다.

그리고 2015년 파리에서 개최한 당사국 총회에서 파리기후변화협약이 체결되었다. 본 협약은 2020년 이후의 신기후체제 수립을 위한 내용들을 채택하였고, 2016년에 공식 발효하였다. 파리기후협약에서는 지구평균온도 상승폭을 산업화 이전과 대비하여 2℃ 보다 상당히 낮은 수준을 유지하고, 1.5℃ 로 제한하기로 하였다. 개발도상국에 대해서 자금을 지원하는데, 2020년부터 매년 최소 1,000억 달러 규모를 지원할 계획이다. 가능한 빠른 시일 내에 온실가스 배출을 감축하며, 2050년까지 온실가스 배출을 제로로 하는 것을 목표로 하고 있다. 본 협약은 '온실가스 자발적 감축기여방안'(Intended Nationally Determined Contribution, INDC)을 제출하는데, 선진국

은 선도적 역할을 수행하고 개발도상국가들을 포함한 모든 대상국
가들은 스스로 결정한 INDC를 5년 단위로 제출하고 이행하기로 합
의하였다. 또한 기후변화 영향으로 '손실과 피해에 대한 바르샤바
국제메커니즘'(Warsaw International Mechanism for Loss and
Damage)[5]을 계승하고 강화하여 기후변화로 인한 손실 및 피해 대
응을 위해서 당사국들 간 협력과 조력이 필요하다고 하였다. 본 협
정은 2023년부터 5년 단위로 협약 전반에 대해 종합적인 이행점검
을 실시하기로 합의하였다.

그런데 2017년 6월에 도널드 트럼프 미국 대통령이 파리기후협정
에서 탈퇴를 하고, 새로운 합의를 위해 협상을 시작할 것이라고 발
표하였다. 탈퇴 발표를 하기 전에 트럼프 대통령은 영국, 프랑스, 독
일, 캐나다 정상들에게 미리 알렸으며, 미국이 계속 환경보호를 위
해 노력할 것이라고 하였다. 중국 다음으로 이산화탄소 배출량이 많
은 미국이 탈퇴를 함으로써 지구기온 상승을 2℃ 이하로 하기 어려
울 것으로 예상하고 있다.

한편 유럽연합은 2030년까지 탄소배출량을 1990년 대비하여
40% 감축을 하고, 2050년까지 80-95%를 감축하겠다는 목표를 세
우고 있다. '2020 기후 에너지 패키지'에서는 1990년 기준 20%의
탄소배출량을 감축하고, 에너지 소비의 20%를 재생에너지로 전환하
여 에너지 효율을 20% 향상시키는 등 적극적인 기후변화 정책을 지
속하였다. 이뿐만 아니라 프랑스 국책은행인 BNP파리바는 셰일유,
셰일가스, 오리샌드, 북극지역의 석유와 천연가스를 개발하는 기업
에 대해서 대출을 중단하고 있다. 유럽투자은행은 에너지와 기후변

---

5) 바르샤바 국제메커니즘은 해수면 상승 등 기후변화로 손실을 입을 수 있는 도시국가와 최빈국의 피
해를 국제적으로 대응하고 있다.

화와 관련된 투자계획을 지원하고 있다. 또한 영국과 프랑스는 2040년부터 휘발유와 경유를 연료로 하는 자동차의 판매를 금지할 계획을 세울 정도로 기후변화에 대한 정책을 선도하고 있다.

2.2 지속가능한 발전

지속가능한 발전의 개념은 1987년 세계환경발전위원회(WECD: World Commission on Environment and Development)의 보고서『우리 공동의 미래(Our Common Future)』에서 "미래세대가 그들의 욕구를 충족할 능력을 타협하지 않으면서 현 세대의 욕구를 충족시키는 발전"[6]이라고 밝히고 있다. WECD 보고서는 경제적, 사회적 발전의 목표는 선진국, 개발도상국, 시장중심 또는 중앙계획 등의 모든 국가에서 지속가능성 측면에서 정의되어야 하고, 지속가능한 발전과 그 달성을 위한 광범위한 전략의 기본적인 개념에 대한 공감대부터 이루어야 한다는 것이다. 현재 우리의 에너지 사용 양상을 보면, 세계의 생태적 평균 이상을 소비하고 있는데, 지속가능한 발전은 생태적으로 가능하고 모두가 합리적으로 열망할만한 경계 내에서 소비기준을 정하는 것이 필요하다고 하였다. 이를 위해서는 재생가능한 자원은 고갈되지 않게 재생산과 자연의 성장률의 한계 내에서 이용하여야 하며, 화석연료와 금속류와 같은 재생불가능한 자원들은 고갈을 최소화하는 기술과 대체물질의 존재 가능성을 고려해야 한다. 즉, 대체물질이 이용될 수 있을 때까지 고갈속도를 조절하

---

6) WCED, Roport of the World Commission on Environment and Development: Our Common Future, 1987, p.41.

고, 재활용과 경제적 사용이 필요하다고 본다.[7)]

WECD 보고서는 7장에서 지속가능성과 에너지에 관해 자세히 다루고 있다. 요약하면, 현재 상황에서는 미래의 엄청난 에너지 수요를 충족시킬 획기적인 에너지원을 제시하기 어렵다. 화석연료에 의존하게 되면 가까운 미래에 전지구의 1차 에너지 소비는 곧 2배에 이르러 심각한 경제적, 사회적, 환경적 문제를 발생시키게 될 것이다. 따라서 미래사회는 저에너지 사회로 전환하는 것이 바람직하다. 지금까지 인류가 사용해온 천연가스, 석유, 석탄, 토탄, 원자력에너지 등은 재생이 불가능한 에너지원이다. 그런데 재생이 가능한 에너지로는 인간과 동물의 근력, 나무, 식물, 분뇨, 폭포수, 지열, 태양열, 조력, 풍력, 파동 에너지 등이 있다. 이런 다양한 에너지원은 역시 미래의 에너지원이기도 하다. 그러나 각각의 에너지원은 나름대로 특유의 경제적, 환경적 대가를 치루어야 한다. 이들을 지속가능성이라는 시각으로 접근하자면 다음의 요소들이 조화를 이루어야 할 것이다.

- 인간의 다양한 욕구에 부합하는 에너지 공급의 충분한 성장(이는 개발도상국가들이 최소 3% 소득 성장을 한다는 의미를 동반)
- 에너지 효율성과 보존조치: 일차 에너지원의 소비를 최소화하는 것
- 공공의 건강: 에너지원에 내재해 있는 안전에 대한 위협 문제를 인식
- 생물권 보호와 국지적인 형태의 오염방지[8)]

---

7) Ibid., p.42.
8) Ibid., p.142.

하지만 안전하고 지속가능한 미래의 에너지에 대한 합의는 도출되지 않았다. 국제사회는 각종 회의나 공동체 모임에서 미래의 에너지에 대한 논의는 계속해왔지만 가시적인 합의안이나 해결책을 제시하지는 못하고 있다.

산업화, 도시화, 사회적 풍요에 따른 에너지 수요는 지구적인 1차 에너지 소비 증가를 초래하였다. 산업화된 시장경제 체제에서 일인당 에너지 소비는 사하라 이남 아프리카 지역 보다 80배 이상이나 된다. 그리고 세계 인구의 약1/4 이 세계 1차 에너지의 3/4을 소비하고 있다. 그런데 사하라 이남 지역이 발전하여 에너지 수요가 많아지고 선진국에서의 소비량은 지금상태를 유지하거나 더욱 증가하게 되면, 세계적으로 1차 에너지 소비는 지금보다 훨씬 증가할 것이다. 이에 대한 환경적 리스크와 불확실성으로 인해 보고서는 다음의 4 가지 가능성을 예고하고 있다.

1. 심각한 기후변화의 가능성: 온실효과와 화석연료의 연소에서 나오는 이산화탄소
2. 도시-산업화 지역의 대기 오염: 화석연료 소비에 의한 대기오염
3. 환경의 산성화
4. 원자로 사고의 리스크: 핵폐기물 문제, 사용기간이 만료된 원자로의 폐로, 원자력 사용과 관련된 핵확산의 위험[9]

하지만 화석연료를 연소할 때 나오는 이산화탄소를 제거할 기술은 아직 없다. 2020년대에는 석탄, 가스, 석유와 같은 화석연료 사용이 급증할 것이며, 이는 지구온난화 현상을 심각하게 만들 것이

---

9) Ibid., p.146.

다. 이어서 전 지구적으로 심각한 경제적, 사회적, 환경적 문제를 초래하게 될 것이다.[10] 그러므로 인류는 저에너지 사회로 나아가야 하며, 에너지 효율성 제고를 위한 에너지를 절약하는 기술개발에 노력을 경주해야 한다. 또한 미래 저에너지 사회를 만들기 위해 에너지를 효율적으로 사용하기 위한 모든 정책과 실천을 위해 정치적, 제도적 개혁이 병행되어야 할 것이다. 이와 함께 재생가능한 에너지에 대한 기술개발에도 많은 투자가 이루어져야 한다고 주장하였다.

2.3 EU의 에너지 정책

EU의 에너지 정책은 기후변화협약과 밀접한 관계가 있다. EU의 '2020 기후와 에너지 패키지'(The 2020 Climate and Energy Package), EU의 '2030 기후와 에너지 정책 프레임웍'(2030 Framework for Climate and Energy Policies), '에너지 로드맵 2050'(Energy Roadmap 2050) '저탄소 경제 로드맵'(Roadmap for moving to a competitive low-carbon economy in 2050) 3가지가 EU의 에너지 정책 근간을 이루며, 단기, 중기, 장기 목표를 설정하여 이행하려고 한다.

'2020 기후와 에너지 패키지'에는 2007년 3월에 에너지 고효율 국가 및 저탄소경제로 이끌기 이한 목표를 설정한 에너지 정책의 중요한 시작을 알리는 내용을 담고 있다. 스마트, 지속가능, 포괄적 성장을 하기 위해, 2020년까지 1990년 대비 온실가스 배출 감축목표

---

10) Ibid. p.141-146.

20%, 재생에너지 소비비중 20%, 에너지 효율개선 20% 로 목표를 정해서 이른바, 20-20-20을 달성하려고 한다. 기후와 에너지에 적극 대응하는 것이 녹색성장과 유럽의 경쟁력을 강화하고, 일자리를 창출할 수 있으며, 이 목표가 달성을 하게 되면 40만 개 정도의 새로운 고용창출을 예상하고 있다.

이런 목표를 달성하기 위해 EU는 유럽연합 배출권 거래제도(European Union Emissions Trading System: 이하 EU ETS라 함)를 시행하고 있다. 이 제도는 산업부문 온실가스 배출을 감축하는데 아주 효과적인 수단이다. 2020 기후와 에너지 패키지에는 EU ETS를 제도를 강화하여 배출권거래지침을 종합적으로 시행할 수 있도록 하였다. 여기에는 기존의 국가목표 시스템을 대체하는 EU 전체의 단일 배출허용 한도를 도입하고 있다. 그리고 60%가 EU ETS 비적용 부문[11])에서 발생하는데, EU ETS가 적용되지 않는 부문에 대한 연간 배출감축 목표를 부여하였다. 2013년-2020년 동안에 EU 회원국의 국가별 목표는 각국의 경제규모에 따라 차별적으로 적용되며, EU 엔지니어링 메카니즘에 매년 국가 배출량을 보고해야 한다.

EU는 재생에너지 지침(Renewalbe Energy Directive)에 의해 회원국들에게 2020년까지 재생에너지 사용에 대한 비중을 높이기 위한 국가의무목표를 부여하였다. 국가의무목표는 회원국별로 10-49% 사이에서 차등 적용되며, 이는 각 국의 재생에너지에 대한 현황과 개발가능성의 차이를 반영한 것이다. 그래도 EU 전체의 재생에너지 소비가 2020년까지 20%로 확대될 수 있게 하였다.[12])

---

11) 가정, 농업, 폐기물, 항공을 제외한 수송 분야가 해당됨.

12) 양의석, "EU 및 EU국가의 신재생에너지 보급목표와 지원제도 현황, 세계에너지현안 인사이트, 제 17-2호, 2017.11.6.,p.7. 참조.

EU 집행위원회는 기술 발전에 따라 에너지효율등급을 재조정하여 등급체계를 단순화 하는 '에너지효율 등급 표시제도' 개정안에 합의하였다. 이는 에너지 효율 개선을 강화한 것이다.

기존의 A+, A++, A+++ 등급체계에서 A+ 이상 등급을 폐지하여 A-G로 등급체계 간소화하였다. 또한 유럽의회 환경·보건·식품안전위원회는 2030년까지 에너지 효율 개선율을 40%로 강화하는 에너지효율지침**(Energy Efficiency Directive) 개정안을 2017년 9월에 승인하였다. 그리고 법적구속력이 없는 기존 에너지 효율 개선목표에 법적구속력을 부여하였으며, 에너지 소매업체에 매년 판매량의 1.5%에 달하는 의무 목표량 부여하고, 건물의 연면적 3%이상 리모델링 의무화를 추진하고 있다.

2017년 유럽 전력부문에서 에너지 전환에서 중요 결과를 요약하면 다음과 같다. ① 풍력, 태양광, 바이오매스 전력생산이 가파르게 증가하였고, 처음으로 석탄 분야를 추월하였다. ② 재생에너지의 성장이 지리적으로나 기술적으로 고르지 못하였다.<그림 2.3> ③ 전기소비가 2017년에 0.7% 증가하였다. ④ 전력부분에서 이산화탄소 배출량은 2017년에는 변화가 없었다. ⑤ 서유럽에서는 석탄사용이 감소한 반면, 동유럽에서 석탄사용을 고수하였다.[13]

---

13) Energy transition in the power sector in Europe: State of Affairs in 2017. https://www.agora-energiewende.de/fileadmin/Projekte/2018/EU_Jahresrueckblick_2017/Sandbag_Agora_Review_EU_2017.pdf (2018.6.18. 검색)

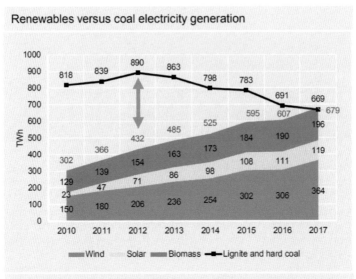

Renewables versus coal electricity generation

EUROSTAT data to 2015, 2016 and 2017 are own calculations

<그림 2.3> 재생에너지와 석탄의 전력생산 2010-2017

　　EU의 발전원별로 전력생산을 보면, 풍력은 석탄을 대체하였고, 가스는 수력과 원자력을 대신하였으며, <그림 2.4>에서 전체 전력생산은 91Twh (2.7%) 감소하였는데, 재생에너지는 꾸준히 증가하여 7년동안 295Twh (43.4%) 증가하였다. 원자력과 화석연료의 전력생산은 감소하였는데, 각각 87Twh(9.5%), 299Twh(17.2%) 정도 감소하였다.

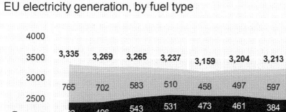

EU electricity generation, by fuel type

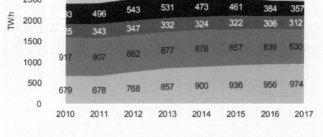

EUROSTAT data to 2015, 2016 and 2017 are own calculations

<그림 2.4> EU의 전력원별 전력생산 2010-2017

2.4 독일의 에너지 정책

2.4.1 독일 에너지정책 개관

1990년대 동서독 통일 직후 콜 정부는 탈핵과 지구온난화 방지를 위한 구체적 대안으로 전력구매법과 풍력, 태양광 지원프로그램을 도입하여 재생에너지 확대에 힘썼다. 당시 새로운 사회로의 기대와 두려움 속에서 그다지 주목받지 못하던 재생에너지 정책이 독일에서 본격적으로 대두된 것은 1998년 녹색당이 환경정당으로서 연정에 참여하게 되면서부터 비롯되었다. 이후 2000년 사민-녹색 연정은

2021년까지 원전의 단계적 폐쇄를 계획하여, 태양열, 바이오메스, 풍력, 조력 등의 발전을 촉진하기 위해 재생에너지법을 도입하였다. 핵심적으로 2000년 6월 14일 '원자력 합의'가 공표된 이후, '2002년 원자력법(The 2002 Amendment to the German Atomic Energy Act Concerning the Phase-out of Nuclear Power)'이 제정되면서, 독일의 탈핵정책이 본격화되었다. '2002년 원자력법'은 독일 내 모든 원전을 2022년까지 폐쇄하는 '상업적 전력생산용 핵에너지이용의 단계적 폐지법(Gesetz zur geordneten Beendigung der Kernenergienutzung zur gewerblichen Erzeugung von Elektrizität)'을 포함한다.[14] 이를 토대로 2003년부터 독일 내 이산화탄소 배출량은 지속적으로 감소하였으며, 경제적인 측면에서도 해당분야에서의 일자리가 창출된 것으로 나타나 일정 기간 긍정적 평가를 받기도 하였다. 하지만 단일국가 내에서의 에너지 정책 합의는 쉽지 않았다. 2010년 이전까지만 해도 독일 정부는 정치, 사회적 에너지 정책에 대한 합의에 이르지 못하였다. 해당 시기 독일정부는 이해관계자들의 '원자력 수명 연장'에 관한 요구를 수용하는 등, 사회적 합의를 후퇴시켰다. 기민당-자유당 연정은 2010년 10월 원자력법을 개정하여 원자력발전소를 2021년이 아니라 2032년 혹은 그 이후까지도 계속 가동될 수 있도록 했다.[15]

독일의 에너지정책은 다음과 같이 요약할 수 있다. 우선 지속가능성 분야에서, EU 내 벨기에, 네덜란드, 브리튼(Britain), 덴마크 등이 기후변화에 의한 해수면 상승으로 곤란을 겪고 있는 반면, 독일정부는 비교적 조직적이고 효율적으로 이에 대응하고 있다.[16] 또한 2011

---

14) Bundesministerium für Umwelt, Naturschutz, Bau und Reaktorsicherheit, "Gesetz zur geordneten Beendigung der Kernenergienutzung zur gewerblichen Erzeugung von Elektrizität," Berlin: Bundesgesetzblatt 2002, p.1351.

15) 박진희, "독일 탈핵정책의 역사적 전개와 그 시사점," 『역사비평』통권 98호, 2012, 215면.

년 동일본 대지진을 반면교사로 삼아, 독일정부는 원전 폐기안을 제시하였다. 2011년 6월 30일 독일 연방회의는 현재 가동 중인 17개 원전에 대해 2022년까지 단계적으로 폐기하는 안을 공식 승인하였다. 안으로는 시민의 강력한 요구에 대한 응답이며,[17] 밖으로 국제 차원의 원전폐기 관심에 대해 조응한 결정이다.[18] 또한 독일 정부는 원전 포기 선언(Germany's decision to phase out nuclear energy)을 에너지 전환의 핵심 사항으로 제시하였다. 즉 탈원전을 진행하며, 이에 대한 대응 정책 차원에서 재생에너지의 목표를 설정하고, 에너지 효율성을 진전시키려 한 것이다.

그러나 독일정부의 에너지 전환정책 및 관련핵심 사업은 위기에 처하였다. 명확히 산업 경제를 유지하고자 하는 독일 내 경제정책과 선도적 에너지 정책은 지속가능성이라는 하나의 개념 하에서 조응하지 못하고 있다. 메르켈 정부는 1990년 배출량 기준 2020년까지 40%의 이산화탄소 배출 절감을 목표로 하고 있으나, 이를 위해서 매년 3.5% 평균 배출량을 삭감해야만 한다. 하지만 정책 제안 이후 지금까지 연평균 0.7%만의 배출량 절감이 수행되어 비관적 전망이 확산되고 있다. 독일 국민의 사회적 요구에 의해 제시된 에너지 정책이 산업경제 유지와 인구유입 등 현실적 상황과 맞부딪히고 있지만, 독일 에너지 정책은 기후변화에 대비한 지속가능하고 친환경적인 에너지 정책을 추구하여 왔다.

16) R. Andreas Kraemer, "Security through Energy Policy: Germany's Strategy in Context," http://www.ecologic.eu/4031 (2014년 8월 10일 검색).

17) Ethics Commission for a Safe Energy Supply, "Germany's energy transition - A collective project for the future," http://www.bundesregierung.de/Content/DE/_Anlagen/2011/05/2011-05-30-abschlussbericht-ethikkommission_en.pdf?__blob=publicationFile (2014년 7월 21일 검색).

18) R. Van Noorden, "The knock-on effects of Germany's nuclear phase-out. Nature," *Nature* June 2011, http://www.nature.com/news/2011/110603/full/news.2011.348.html (2014년 7월 21일 검색).

2.4.2 독일 에너지 환경

유럽연합은 공동체 전체가 에너지 수입지역이라 할 수 있다. 덴마크를 제외한 나머지 회원국 모두 정도에 차이는 있으나 에너지 수급을 수입에 의존하고 있다. 역내 주요 에너지 생산량을 나타내는 <그림 2.5>의 수치를 확인하면, 핵에너지 28.5%, 신재생에너지 20.1%, 고체연료 19.6%, 천연가스 18.8%, 원유 11.7% 순위다.

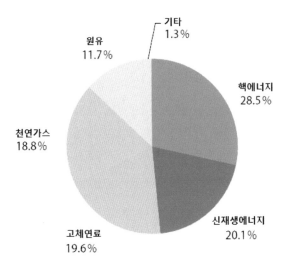

출처: Eurostat(2013) *op. cit.*, p. 160.

<그림 2.5> 2010년 EU 27개국의 역내 에너지 총 생산량
(총 생산에 대한 비율 %, tonnes of oil equivalent)

세계 차원에서 거래되는 주요 에너지원인 원유, 천연가스 및 고체연료 즉 화석연료의 생산의 총 생산(50.1%)과 핵에너지 및 재생에너지의 총 생산(48.6%)이 비슷한 정도이다. 이에 독일의 에너지 환경과 관련한 자세한 통계는 <표 2.1>과 같다.

<표 2.1> 2011년-2013년 독일 총 전력 생산

에너지원	2011		2012		2013	
	Billion kWh	%	Billion kWh	%	Billion kWh	%
총 전력생산	613.1	100	630.2	100	632.1	100
갈탄	150.1	24.5	160.7	25.5	160.9	25.5
핵에너지	108.0	17.6	99.5	15.8	97.3	15.4
무연탄	112.4	18.3	116.4	18.5	121.7	19.3
천연가스	86.1	14.0	76.4	12.1	67.4	10.7
광유	7.2	1.2	7.6	1.2	7.2	1.1
재생에너지원	123.8	20.2	143.8	22.8	151.4	24.0
풍력	48.9	8.0	50.7	8.0	51.7	8.2
수력	17.7	2.9	22.1	3.5	21.0	3.3
바이오매스	32.8	5.3	39.7	6.3	42.2	6.7
태양광에너지	19.6	3.2	26.4	4.2	31.0	4.9
가정용 폐기물	4.8	0.8	5.0	0.8	5.4	0.9
기타	25.6	4.2	25.7	4.1	26.2	4.1

출처: Statistisches Bundesamt, "Gross electricity production in Germany from 2011 to 2013,"
https://www.destatis.de/EN/FactsFigures/EconomicSectors/Energy/Production/Tables/GrossElectricityProduc
tion.html (2014년 10월 21일 검색).

독일은 지난 3년 간 총 전력 생산에 있어 재생에너지 원료의 비중을 꾸준히 늘려왔다. 독일의 2013년 총 생산전력은 6321억 kWh에 이른다. 2011년 20.2%에서 매년 약 2% 증가시켜 2013년 기준 전기에너지 생산믹스의 24%를 점하고 있다. 재생에너지원 중 풍력에너지가 2013년 기준 전체의 8.2%로 가장 높은 비중을 차지하고 있으며, 바이오매스(6.7%), 태양광에너지(4.9%), 수력에너지(3.3%) 등의 순이다. 현재까지 갈탄(25.5%) 및 무연탄(19.3%)이 총 44.8%에 이르고 있어 고체에너지에 아직까지 절대적으로 의존하고 있음을 나타낸다. 이외에 핵에너지는 지속적으로 감소하여 2011년 17.6%에서 2012년 15.8%, 2013년 15.4%로 감소율이 정체되고 있음을 알

수 있다. 천연가스의 비율도 감소하고 있다. 2011년 14.0%에서 2012년 12.1%, 2013년 10.7%로 감소하였다. 이와 같은 독일의 전기 에너지 생산 믹스의 변화는 독일정부가 추진하고 있는 정책 방향성과 부합하는 방향으로 진행되고 있으나, 제시한 목표를 성취할 수 없을 것이라는 견해가 많다.

그렇다면 독일의 에너지 생산 및 소비의 균형은 어떠한지 분석할 필요가 있다. 아래 <표 2.2>의 에너지 균형에서 2012년 기준 독일 내에서 생산되는 에너지(123,380 ktoe)의 두 배에 이르는 에너지를 소비(220,982 ktoe)에 의존하고 있는 것으로 나타났다. 독일 국내에서 생산하는 에너지로는 석탄(47,596 ktoe)이 1위이며, 바이오 연료 및 폐기물에 의해 생산되는 에너지 (27,810 ktoe)가 2위, 핵에너지(25,920 ktoe)가 그 뒤를 따른다. 소비 측면에서는 유류 가공제품의 소비가 91,735 ktoe로 가장 많은 것으로 나타난다. 이어 천연가스 (52,385 ktoe), 전기 (45,222 ktoe), 바이오 연료 및 폐기물 (13,413 ktoe) 순이다. 이에 따라 생산과 소비 간 격차를 해소하기 위해 240,564 ktoe의 에너지를 해외로부터 수입하고 있다. 독일이 절대적 에너지원을 수입에 의존하고 있으나, 유류제품(18,614 ktoe), 천연가스(14,258 ktoe) 등의 일부 에너지를 수출하고 있다.

<표 2.2> 독일의 에너지 균형 (2012년)

(1,000 tonnes of oil equivalent (ktoe) on a net calorific value basis

에너지원	생산	소비	수입	수출
석탄	47,596	7,234	33,285	1,167
원유	3,373	0	95,405	198
유류제품	0	91,735	32,645	18,614
천연가스	9,566	52,385	74,067	14,258
핵에너지	25,920	0	0	0
수력	1,823	0	0	0
지열, 태양열 등	7,292	640	0	0
바이오, 폐기물	27,810	13,413	1,184	1,018
전기	0	45,222	3,979	5,746
열	0	10,355	0	6
합계	123,380	220,982	240,564	41,007

출처: IEA, "Germany: Balances for 2012."
http://www.iea.org/statistics/statisticssearch/report/?year=2012&country=GERMANY&product=Balances
(2014년 10월 21일 검색).

에너지 생산과 소비 균형이 수입에 절대량을 의존하고 있는 탓에 독일 내 에너지 가격은 유럽 내에서도 결코 낮은 편이 아니다. <표 2.3>에서 제시한 바와 같이, 독일의 전기가격(0.253 EUR per kWh) 은 오히려 유럽 지역 내에서 상당히 높은 편이다. 가정용 기준으로 덴마크 0.298 EUR per kWh 다음으로 높다. 산업용 기준으로는 몰 타 0.180 EUR per kWh, 이탈리아 0.167, 아일랜드 0.129, 슬로바키 아 0.126 다음 순위이다.[19] 위 순위에서 몰타, 아일랜드 및 이탈리 아가 원자력 발전시설 비보유국으로 산업용 전기 가격이 높은 수준 임을 감안하면, 독일이 현재 핵에너지에 일정 정도의 에너지 생산을 의존하고 있는 상황에서도 전기가격이 상당히 높은 편임을 알 수 있

---

19) European Commission Eurostat, *Europe in figures Eurostat yearbook 2013*, (Luxembourg: Publications Office of the European Union, 2013), p.169.

다. 독일의 에너지 정책이 원전 폐기를 중점 사안으로 두고 있고, 이러한 정책 방향으로 에너지 믹스의 조정이 진행됨에 따라, 에너지 고가격의 상황은 더욱 악화될 것이며, 제조업 비용 상승에 직결될 것이다. 전기가격과 비교해서, 독일 내 가스요금(가정용 0.064 / 산업용 0.050)은 EU 평균(가정용 0.064 / 산업용 0.038)에 근접해 있다. 수입의존도가 높은 가스요금은 평균임에도 전기가격이 높은 것은 독일 내 에너지 믹스에서 신재생에너지의 비율이 높은 편이기 때문이다.

<표 2.3> 유럽지역 및 독일의 전기 및 가스 가격 (2011 기준)

단위: (EUR per kWh)

	전기 가격		가스 가격	
	가정용	산업용	가정용	산업용
EU27	0.184	0.112	0.064	0.038
유로존 17	0.193	0.118	0.071	0.040
독일	0.253	0.124	0.064	0.050

출처: European Commission Eurostat(2013), *op. cit.*, p.169.

각 영역별 소비 에너지는 곧 해당 영역의 경쟁력으로 전환된다. 해당 산업의 주요비용을 차지하는 에너지 가격이 높거나, 수급에 문제가 생기면 필연적으로 해당 산업은 경쟁력을 상실하고 위기에 처하게 되는 것이다.

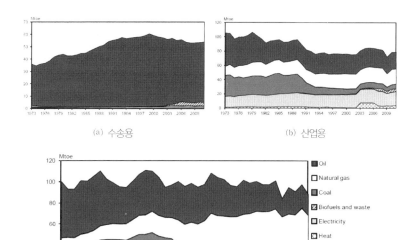

<table>

(a) 수송용   (b) 산업용

(c) 상업 및 주거용

Legend:
- Oil
- Natural gas
- Coal
- Biofuels and waste
- Electricity
- Heat
- Solar
- Geothermal

(1,000 tonnes of oil equivalent (ktoe)) on a net calorific value basis

	Coal*	Crude oil*	Oil products	Natural gas	Nuclear	Hydro	Geothermal, solar, etc	Biofuels and waste	Electricity	Heat	Total**
Industry	6021	0	3248	19068	0	0	0	2829	19457	5063	55685
Transport	0	0	48677	516	0	0	0	2938	1039	0	53170
Other	846	0	20420	30745	0	0	640	7646	24726	5291	90314
Residential	743	0	12944	21613	0	0	561	6396	11782	3375	57414
Commercial and public services	103	0	7317	9133	0	0	79	1250	12944	1916	32742
Agriculture / forestry	0	0	0	0	0	0	0	0	0	0	0
Fishing	0	0	0	0	0	0	0	0	0	0	0
Non-specified	0	0	158	0	0	0	0	0	0	0	158
Non-energy use	366	0	19391	2056	0	0	0	0	0	0	21813
-of which chemical/petrochemical	33	0	15723	2056	0	0	0	0	0	0	17811

(d) 독일 내 영역별 에너지 균형 (2012년 기준)

(a)~(c) 출처: International Energy Agency(IEA), *Energy Policies of IEA Countries –Germany 2013 Review*, (OECD, 2013), p.36.
(d) 출처: IEA, "Germany: Balances for 2012,"
http://www.iea.org/statistics/statisticssearch/report/?year=2012&country=GERMANY&product=Balances. (2014년 10월 21일 검색).

<그림 2.6> 영역별, 에너지별 에너지 총 소비 (1974-2011)

</table>

위 <그림 2.6>는 독일 내 영역별 에너지 소비에 관하여 세분화한 도표이다. 우선 수송영역에 사용되는 에너지는 절대 다수가 석유 및 유류제품이 차지하고 있다. 극소량의 바이오연료 및 폐기물에 의한 에너지가 대체되고 있을 뿐 유류에 의해 전체 수송이 이루어진다고 할 만하다. 수송 부문 유류제품 소비는 <그림2.6> 내 (d)의 수치에서 2012년 기준 48,677 ktoe로 전체의 91.55%를 점하고 있다. 이외에 바이오연료 및 폐기물이 2,938 ktoe로 5.53%를 점하며, 전기에 의한 수송이 1,039 ktoe으로 1.95%에 이르러 아직은 수송 대체에너지의 의미는 없는 것으로 나타나고 있다.

산업용 에너지의 경우 비교적 에너지별 고른 분포를 보이고 있으나 <그림 2.6> 내 (b)에서 나타나는 바와 같이, 석유 및 석탄 소비는 전반적으로 감소하고 있는 반면, 천연가스 및 전기는 일정 수준을 유지하고 있으며, 바이오연료 및 폐기물 관련 에너지와 열에너지는 소폭 증가하였다. 2012년 기준 산업 부문 내에서 사용되는 에너지원 중 가장 높은 비율로 사용되는 것은 전기이다. 총 19,457 ktoe을 사용하여, 34.94%를 점하고 있다. 다음으로 천연가스 원료 사용은 19,068 ktoe로 34.24%이며, 석유사용은 3,248 ktoe로 전체의 5.83%에 이른다.

상업 및 주거용 에너지 소비의 경우 <그림2.6> 내 (c)의 도표에서와 같이 석유와 석탄의 사용은 서서히 줄어들고, 이들 에너지의 공백을 천연가스 및 전기에너지가 채우고 있다. 먼저 주거용 에너지 사용 수치를 분석하면, 2012년 전체 사용량이 57,414 ktoe에 달하여 에너지원 사용 영역 중 최대량의 소비처인 것으로 나타났다. 가정용으로 쓰이는 에너지 구성에서는 천연가스 사용량이 총 21,613 ktoe으로 전체의 37.64%에 이르며, 석유 사용량이 12,944 ktoe로

22.55%를 점한다. 이외에 전기가 11,782 ktoe로 전체 가정용 사용량 중 20.52%이며, 바이오 연료 및 폐기물에 의한 에너지도 6,396 ktoe으로 11.14%에 이르는 것으로 나타났다. 공공서비스에서 사용되는 에너지는 총 32,742 ktoe이며, 이 중 전기의 사용율이 가장 높다. 전기는 총 12,944 ktoe 소비되며 전체의 39.53%를 차지한다. 다음으로 천연가스 9,133 ktoe으로 27.89%를 점하며, 석유가 7,317 ktoe, 22.35%에 달한다.

1973년부터 2009년까지의 영역별 에너지원 변화와 2012년 기준 영역별 에너지 비율 수치를 분석한 결과, 국가의 에너지 정책과 인구학적 변화, 산업형태의 변화 등의 요인으로 각 영역의 에너지 소비 구성이 서서히 변화하고 있으나, 특정 에너지가 화석에너지를 대체하고 있다고 언급하기에는 부족하다. 수송, 산업, 주거, 공공서비스 영역 전체에 걸쳐서 신재생에너지가 차지하는 비중은 너무나 적은 정도에 그치고 있음을 알 수 있다. 앞서도 언급한 바와 같이 전기에너지 생산에서 각 에너지가 소요되는 정도, 즉 전기에너지 믹스까지 고려하면, 사회적 요구에 부응하기 위해 신재생에너지의 사용율을 높이고, 핵에너지의 단계 철폐를 감행할 수 있을 것인지 의문이 들지 않을 수 없다.

독일정부와 사회의 에너지 효율성 증대 및 절약 그리고 산업구조의 변화는 에너지 사용 구도를 일정 부분 변화시켰다. <그림 2.7>은 독일 및 IEA 주요 회원국의 GDP PPP당 에너지 소비량(Energy Intensity)[20)]에 대해 1973년-2011년까지의 변화에 관하여 나타낸 도

---

20) 에너지 지표(Energy Intensity)는 GDP 당 총 에너지 소비로 정의되며, 한 국가 경제의 에너지 효율성을 측정한 지표라 할 수 있다. 이는 GDP 단위 당 에너지 단위로 산출된다(International Energy Statistics, http://www.eia.gov/cfapps/ipdbproject/IEDIndex3.cfm?tid=92&pid=46&aid=2 (2014년 11월 1일 검색).).

표이다. 독일은 해당 지표 부문에서 개선 정도가 높다. 비교 대상인 미국, 영국, 헝가리 및 한국 중 영국 다음으로 낮은 수치로 2012년 기준 0.11 TPES/GDP PPP(tonnes of oil equivalent (toe) per thousand USD at PPP)인 것으로 나타났다. 산업발전단계가 후기로 갈수록 제조업에서 서비스업으로 탈산업화가 이행되어 GDP PPP당 에너지 소비량이 감소하는 경향이 있다. <그림 2.5>에서도 이와 같은 현상을 확인할 수 있다. 1973년부터 2011년까지 주요국이 산업화 이행 단계를 거치며 지속적으로 지표가 하락하였음이 나타난다. 독일의 경우 2011년 0.11 TPES/GDP로 IEA 평균 0.14 TPES/GDP 보다 낮으며, 이는 IEA 회원국 중 에너지 집약국가(Energy intensive country)에서 13위의 순위인 것으로 나타났다.[21]

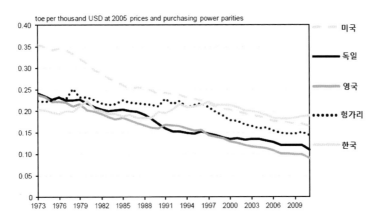

출처: IEA/OECD, "Energy Balances of OECD Countries," 2012 and National Accounts of OECD Countries, Paris: OECD, 2012, p.37.

<그림 2.7> 독일 및 IEA 회원국의 GDP PPP당 에너지 소비량
(Energy Intensity) (1973-2011)

---

21) International Energy Agency(IEA), 2013, p.37.

독일의 해당 지표는 1973년 0.24 TPES/GDP PPP에서 1990년 0.17, 2000년 0.14, 2012년 0.11로 지속적으로 감소하여, 에너지 효율성 측면에서는 가시적인 성과를 거둔 것으로 분석된다. 미국은 유럽에 비해 상대적으로 환경지표에 관심을 덜 쏟고 있으며, 경제규모도 커 GDP PPP당 에너지 소비량 지표가 높은 수준이다. 1973년 0.35 TPES/GDP PPP에서 1990년 0.23, 2000년 0.2, 2012년 0.15의 수치를 나타내고 있다. 이와 같이 OECD 국가들의 일반적 감소 추세와 달리 한국의 경우 1990년 0.20 TPES/GDP PPP, 2000년 0.21, 2012년 0.19로 그다지 변화폭이 없으며 증가나 감소의 방향성도 없다. 한국의 사례에서 GDP PPP당 에너지 소비량을 감소할 조건이 단순히 산업구조의 변화로 달성할 수 없다는 점을 지적할 수 있다. 정부와 사회가 지속가능한 개발에 중점을 두고 환경을 고려하며, 에너지 효율 방안을 적극적으로 강구하지 않으면 해당 지표의 감소가 자연적으로 이행되지 않는 것이다. 영국의 경우 70년대의 해당 지표 부문에서 독일과 비슷한 수치를 나타냈지만, 1990년 0.16 TPES/GDP PPP, 2000년 0.13, 2012년 0.09로 감소하였다. 독일과 영국을 비교하면 서비스업이 중시되는 후기 산업발달 형태로 진전되었다 하더라도 제조업 기반의 경제가 에너지 정책 운용에 더 어려운 여건을 조성할 수 있음을 알 수 있다. 2000년 독일의 총산출기준 제조업이 차지하는 비율이 34.6%, 서비스업 63.7%였던데 반해, 영국은 23.2%, 73.7%였다. 2005년 산업구조에서 제조업이 35.0%, 서비스업 63.7%로 조정되는 동안 영국은 18.9%, 78.5%로 더 크게 격차가 벌어졌다. 종합하면 독일은 정부정책 및 시민 참여에 의한 에너지 효율성 정책의 단행이 지속적으로 효과를 나타내고 있으나, 제조업 기반 경제 구조를 유지하는 한 부가적인 에너지 정책 운용이 필요한 것이다. 이에 다음 4장에서는 사회정책 요구에 따른 독일의 주요 에너지 정책을 신재생에너지 경쟁력 생성, 에너지 효율성 제고 방안 및 에너지 사용 방안 개선으로 분류하여 고찰하였다.

2.4.3 재생에너지 경쟁력 제고

2011년 기준 독일의 최종 에너지 소비에서 신재생에너지가 차지하는 비중은 12.2%이며, 발전량에서 신재생 비율은 20%, 원자력 비율은 18%를 차지했는데, 2022년까지 신재생에너지 비율을 35%까지 끌어올리겠다는 방침을 세워, 원자력 비중의 대부분을 신재생으로 흡수하겠다는 독일정부의 의지를 표명하였다.[22] 메르켈 정부는 이미 2009년 '에너지전환(Energiewende)' 정책을 추진하며, '에너지 구상 2010(Energy Concept 2010)'을 공표하였으며, 신재생에너지 시대의 도래를 준비하고 독일의 안정적인 에너지 공급을 강조하기 위해 마련된 '에너지 구상 2010'은 '통합에너지기후프로그램(Integrated Energy and Climate Programme)'을 바탕으로 하면서 2050년까지 보다 장기적인 에너지 정책 방향을 제시하였다.[23] 해당 문건에서 독일 정부는 미래 에너지 공급원으로서 재생에너지의 역할이 핵심적임을 강조하며, 최종에너지 소비 중 재생에너지의 비율을 2012년 10%에서 2050년 60%로, 총 전력 소비에서 재생에너지의 비율을 2012년 20%에서 2050년 80%로 설정, 단계적인 사용량 비중 확대 목표를 제시하였다.[24]

---

22) 이재호, "독일에서 배우는 탈원전과 신재생에너지," *Journal of the Electric World / Monthly Magazine,* April, 2013, p.12.

23) 오성은, "독일 재생에너지 법제의 최근 동향: 2012년 재생에너지법(EEG)을 중심으로," 『경제규제와 법』제6권 제2호, 2013, 183면.

<표 2.4> 독일정부의 에너지 구상 및 에너지 패키지 내 제시된 에너지 관련 수치목표

	2012	2020	2030	2040	2050
온실가스 감축 (1990년 기준)	-27%	-40%	-55%	-70%	-80%
최종 에너지 소비 중 신재생에너지 비율	10%	18%	30%	45%	60%
전기소비 중 신재생에너지 비율	20%	35%	50%	65%	80%
주요 에너지 소비 감축 (2008년 기준)	-5%	-20%	-	-	-50%
전기소비 감축 (2008년 기준)	-1%	-10%	-	-	-25%
수송영역에서 최종에너지 소비 감축 (2008년 기준)	-	-10%	-	-	-40%

출처: International Energy Agency, *Energy Policies of IEA Countries - Germany 2013 Review*, (Paris: IEA, 2013), p.27.

<표 2.4>에서 제시된 바와 같이, 높은 수치의 에너지 관련 목표를 제시하고 있는 독일정부는 재생에너지의 높은 가격과 화석연료 사용 절감, 핵에너지의 단계적 폐기로 '에너지 가격의 접근성' 문제에 직면하게 된다. 즉 대부분의 에너지 수입의존국 간 에너지 안보의 근원적 문제인 공급안정성에 대한 대응책이 미비한 것이다. 이는 지속가능한 발전 개념이 제시하는 환경 및 경제, 현 사회의 번영이라는 세 가지 요소가 항목 간 충돌한 일련의 사례들을 보여준다. 핵에너지의 사용은 환경친화적인가, 불안정한 에너지원에 의한 지속 가능성의 단절인가. 혹은 재생에너지의 개발 및 연구는 미래사회 번영을 위해 현 사회에게 경제적 부담을 던져주는 것인가? 이와 같은 연구 질문들이 독일의 에너지정책에도 담겨져 있다.

전 독일 경제기술 장관 Rainer Brüderle은 재임시절 에너지 정책 대안으로 다음과 같이 제안하였다. "에너지 정책의 최상책은 소비하지 않는 것이다. 오늘날 EU가 에너지 공급의 55%를 수입에 의존하

---

24) International Energy Agency, *Energy Policies of IEA Countries - Germany 2013 Review*, Paris: IEA, 2013, p.111.

고 있고, 에너지 수출국, 치솟는 에너지 가격, 주요 에너지 공급처가 속한 지역 문제에 따라 부침을 겪고 있는 것이 현실이다. 에너지 공급처 다원화, 에너지 파트너십 구축 등 다양한 방법을 모색하고 있으나, 원천적으로 일방적 방정식일 뿐이다. 따라서 '에너지 효율성'에 기대할 수밖에 없으며, 지역차원에서 합의한 사항인 2020년까지 에너지 소비 20% 감축이라는 목표에 도달하기 위해 강력한 제재안을 마련하여야 한다."[25]라고 하였다.

이미 언급한 바와 같이, 2011년 5월 독일은 2022년까지 17개 원전 전체를 폐쇄하기로 결정하여, 바텐팔이 소유 및 운영해 왔던 크뤼멜 원전(nuclear power plants Krümmel)과 브룬스뷔텔 원전(nuclear power plants Brunsbüttel)[26] 2곳을 폐쇄하였다.[27] 이에 2012년 5월 스웨덴 에너지기업 바텐팔(Vattenfall)은 독일의 원전 포기 선언은 '에너지 헌장 조약: 국제 무역 및 투자 협정, 에너지 섹터 2(the Energy Charter Treaty, an international trade and investment agreement in the energy sector.2)' 항목을 위반한 것이라 판단하여, 동 조치에 대한 중재신청을 국제투자분쟁해결기구(ICSID: International Centre for Settlement of Investment Disputes)에 제출하였다.[28] 이는 에너지 안보의 안전성을 위한 국가 차원의 정책이 투자자를 보호하기 위한 투자자 보호 조항과 정면충돌한 주요한 사례이다.

---

25) Rainer Brüderle, "The best energy is the energy we don't consume," *The Security of Europe's Energy Supply: Continuous Adaptation*, (ed.) Laurent Ulmann, Paris: European Commission, 2011, p.10.

26) 바텐팔은 독일 함부르크 부근 브룬스뷔텔 원전의 66.7%, 크뤼멜 원전의 50% 지분을 갖고 있다.

27) Nathalie Bernasconi-Osterwalder and Rhea Tamara Hoffmann, "The German Nuclear Phase-Out Put to the Test in International Investment Arbitration? Background to the new dispute Vattenfall v. Germany (II)," *Briefing Note* (International Institute for Sustainable Development, June 2012, p.2.

28) *Ibid.*, p.2.

<표 2.5> 유럽 및 독일의 에너지 생산 현황 (2010 기준)

단위: 총생산(million tonnes of oil equivalent), 원료 생산 비율(%)

	총 에너지 생산	원료별 총 생산 비율 (%)				
		핵에너지	고체연료	천연가스	원유	신재생E
EU27	830.9	28.5	19.6	18.8	11.7	20.1
유로존 17	475.8	39.4	13.5	17.4	3.0	24.9
독일	131.5	27.6	34.3	7.4	2.9	24.9

출처: European Commission Eurostat, *Europe in figures Eurostat yearbook 2013*, (Luxembourg: Publications Office of the European Union, 2013), p. 161.

이러한 외부적 갈등뿐 아니라, 독일 내 에너지 자원 균형에서도 핵에너지를 포기하기란 쉽지 않아 보인다. 앞서 <표 2.5>에서 나타난 바와 같이, 독일 내 에너지 생산 현황을 보면, 화석연료(고체연료, 천연가스, 원유)가 44.6%를 점하는 가운데, 핵에너지 생산이 27.6%에 이르고 있다. EU 27개 국가 전체의 핵에너지 생산 비율이 28.5%, 유로존 17개국의 39.4%에 비하면 독일의 경우가 비율 측면에서 낮은 편이며, 재생에너지의 경우 평균적이다. 독일정부가 선언한 국가정책으로서의 원전 폐기안은 단호하다. 2022년의 마지막 원자력발전소 폐쇄를 위해 에너지 전환이 필수임을 천명하고, 이에 대한 구체적인 정책 실행으로, 에너지 전환을 위한 재생가능 에너지 공급체계 구축에 필요한 하부구조를 마련할 것, 에너지 효율에 필요한 기술혁신에 매진할 것 그리고 에너지 전환으로 얻을 수 있는 기술 경쟁력을 활용하여 새로운 경제성장을 추구할 것 등을 요청했다.[29] 이를 위한 세부적 정책을 수립한 독일정부는 전기에너지 생산을 위한 에너지 믹스를 어떻게 조정해 나갈 것인지가 관건이다.

---

29) 박진희, op. cit., p.214.

1974년부터 독일정부는 전국가적 규모로 독일 에너지 연구전략계획을 수립하였다. 연방정부는 1974년 처음으로 에너지 연구에 대한 종합적인 계획을 수립, 1977년까지 제1차 에너지연구 프레임프로그램을 진행하였고, 최근 2004년 '제5차 국가 에너지연구전략(2005-2008)'이라는 주제 하에 프로그램을 진행하였으며, 동 기간 동안 최신 에너지기술을 개발하기 위하여 재정적인 지원을 확대하여 연구기반의 확충뿐만 아니라, 독일 내 에너지기술 분야의 연구능력을 높은 수준으로 끌어 올려 동 분야의 괄목할 만한 수출성과를 달성하였다.30) 연방정부는 2011년-2014년 제6차 에너지연구 계획(Das 6. Energieforschungsprogramm)을 진행 중에 있다. 해당 계획은 "친환경적이며 신뢰할 수 있는 경제적 에너지연구(Forschung für eine umweltschonende, zuverlässige und bezahlbare Energieversorgung)"이라는 제목으로 2011년 7월 원전폐기 결정이후 국가 에너지 체제 전환에 대비한 에너지연구 지원전략에 대한 체계적 분석을 담고 있다. 해당 전략보고서는 향후 글로벌 에너지 시장의 도전으로 첫째, 인구 증가 및 경제 성장으로 인한 에너지 소비 증가(1950년 100Ej → 2008년 513Ej → 2050년 900Ej)를 예측하고 있으며, 둘째, 원자력 발전, 신재생 에너지 등 에너지원 개발에도 불구하고 석유, 석탄, 가스 등 (매장량이 한정된) 화석에너지의 비중이 상승할 것이며, 이러한 까닭에 기후변화 방지를 위한 (화석자원 발전으로 배출되는) 배출가스 억제 등이 필요함을 지적하고 있다.31) 해당 보고서에서는

---

30) 주독일대사관, "독일 에너지 연구개발(R&D) 전략서," http://deu.mofa.go.kr/webmodule/htsboard/template/read/korboardread.jsp?typeID=15&boardid=13866&seqno=960420&c=&t=&pagenum=1&tableName=TYPE_LEGATION&pc=&dc=&wc=&lu=&vu=&iu=&du= (2014년 11월 1일 검색).

31) Bundesministerium für Wirtschaft und Technologie, *Forschung für eine umweltschonende, zuverlässige und bezahlbare Energieversorgung - Das 6. Energieforschungsprogramm*, Berlin: BMWi, 2011, p.13.

'독일이 전 세계에서 가장 에너지 효율성이 높고 친환경적인 경제체제로 전환할 것'이라는 야심찬 목표를 설정하고 이를 추진하기 위해 기술혁신이 필수적인 바, 기초과학에서 상품화에 이르기까지 긴밀히 네트워크화 된 유기적 R&D 지원 정책을 추진할 것이라고 밝히고 있다.[32] 제6차 에너지연구 계획에서는 연구의 3대 전략목표로서 ① 기후변화 및 환경오염을 최소화하는 친환경 에너지를 개발 추진하며, ② 에너지안보 및 에너지 부문 경쟁력 확보를 위한 연구를 진행하며, ③ 에너지 효율성을 높이고 비용을 최적화하는 연구 개발을 추진함에 있다.[33] 또한 정부에 의한 연구 지원의 4대 중점 강화 방안으로 ① 재생에너지, 에너지효율성, 에너지저장 및 전력망기술 지원에 전략적인 연구 집중을 강화 ② 정부부처 및 (지방, 주, 연방 등) 행정단위를 초월한 연구협력을 강화 ③ 국제적 관점에서 기술개발을 최적화하기 위해 EU를 비롯한 글로벌 차원의 R&D 협력 강화 ④ 분화되고 전문화 되고 있는 에너지연구 환경에서 '에너지연구 조정위원회'를 중심으로 통합효과를 추구하고 효율적 연구투자협의 및 연구 통제능력 강화 등을 제시하였다.[34]

에너지 분야의 경쟁력을 제고하고, 사회적 요구에 조응하며 일정한 정책성과를 거두기 위해서는 지속가능한 성장을 지향하는 관련 분야의 제도적 체계와 기술적 지원이 필요하다. 따라서 독일 연방정부는 지속적 에너지연구 프로그램을 진행하며, 이를 통해 체계와 기술연구를 동시에 추진하고 있다. 재생 에너지, 에너지 효율, 에너지 저장 기술 및 네트워크 기술, 에너지 공급에 재생 에너지의 통합 및

---

32) 주독일대사관, "독일 에너지 연구개발(R&D) 전략서,

33) Bundesministerium für Wirtschaft und Technologie(2011), p.2.

34) Bundesministerium für Wirtschaft und Technologie(2011), p.9.

전체 시스템에 이러한 기술의 상호 작용 등에 대한 기술지원체계가 이에 해당한다.

독일에서 흔히 '재생에너지법' 즉 '재생에너지를 우선하기 위한 법 (Gesetz für den Vorrang Erneuerbarer Energien)'은 2000년 4월 1일 부터 발효되었으며, 2004년, 2009년, 2011년 수정되었으며, 현재의 재생에너지법은 2011년 12월 12일에 개정되어 2012년 4월 1일자로 발효되고 있는 법이다.[35] 제6차 에너지연구 계획에서는 2010년-2014 년 기간 동안 매년 투자액을 단계적으로 5%-15% 상승 하는 방식으 로 정부 예산 28억 15백만 유로를 지원하였으며, 에너지 기후변화 펀드 기금에서 6억 85백만 유로를 지원해 왔다. 아래 <표 2.6>은 독 일연방정부의 제6차 에너지연구 계획 연구개발 자금의 조달에 관한 내용이다. 이와 같은 투자규모는 2006년-2009년 5차 연구개발 기간 에 비해 75% 증가한 금액으로, 5년 동안 매년 지원 금액을 확대하 도록 편성하였다.

<표 2.6> 독일연방정부의 제6차 에너지연구 계획 연구개발 자금

(in thousand of €)

	2010	2011	2012	2013	2014
효율적인 에너지 변환 및 사용, 에너지 효율 (34%)					
연방 예산	210,256	218,135	209,433	211,137	208,599
에너지 및 기후기금	-	28,000	33,500	121,850	137,500
합계	210,256	246,135	242,933	332,987	346,099
재생가능에너지 (38%)					
연방 예산	205,142	225,668	255,873	271,493	266,373
에너지 및 기후기금	-	40,000	29,000	130,000	165,000
합계	205,142	265,668	284,873	401,493	431,373

35) 최균호, "독일의 재생에너지 활용 현황과 전망 그리고 시사점," 『독일언어문학』 제57집, 2012, p.322.

핵안전 및 최종 폐쇄 (6%)					
연방 예산	71,543	73,021	73,916	74,930	75,558
핵융합 (18%)					
연방 예산	131,031	144,053	158,507	166,348	144,086
총계					
연방 예산	617,971	664,970	691,877	712,171	704,127
에너지 및 기후기금	-	68,000	62,500	251,850	302,500
총합계	617,971	734,970	754,377	964,021	1,066,627

출처: Bundesministerium für Wirtschaft und Technologie(2011), p.12.

재생에너지와 관련한 지원은 독일연방 환경부(BMU: Bundesministerium für Umwelt, Naturschutz und Reaktorsicherheit)에 의해 진행된다. 제6차 에너지연구 계획에서 연방환경부(BMU)가 제시한 재생에너지법(Erneuerbare-Energien-Gesetz)의 목적은 다음과 같다.

① 온실 가스 배출 감소 및 신재생 에너지의 확장 목표 달성,
② 재생 에너지의 이용 기술 비용을 낮추는 것, 우선 각각의 기술의 효율을 증가시키는 것을 의미하며, 더불어 식물 및 시스템의 장기 운전 안전성을 높이면서, 전체 제조 공정이 보다 효율적이고 비용 효과적으로 만드는 것을 포함하며,
③ 재생 에너지의 미래 시장에서 독일 기업의 경쟁력을 강화하고 지속 가능한 일자리를 창출할 것이며,
④ 재생 에너지 체제에 대응하기 위해 에너지 시스템을 최적화하며,
⑤ 환경적으로 건전한 재생 에너지의 사용 확장을 보장하기 위함이다.[36]

<표 2.6>에서 제시된 바와 같이, 신재생에너지 관련 R&D 예산규모는 독일연방정부의 제6차 에너지연구 계획 연구개발 자금 조달 비용 중 38%로 가장 높은 비율을 차지한다. 또한 연방정부 예산 및 기후변화 기금을 동시에 점증시켜 국가 차원의 에너지 목표를 달성하고자 하는 것이다. 신재생에너지 연구개발 비용은 2010년 205,142 천유로, 2011년 265,668천유로, 2012년 284,873 천유로, 2013년 401,493 천유로, 2014년 431,373 천유로의 규모이며 5년 간 총 1,553,157 천유로에 달한다.

독일 내 에너지의 약 절반 이상이 2030년까지 (이후 2050년까지 약 80%의 비율로 점증) 재생 에너지로 전환될 수 있다면, 보조적 지원 없이도 경쟁력이 생성될 것이라 보고 있다. 에너지 비용이 높은 독일과 같은 국가에서 이러한 목표를 달성하기 위해서는 특히 풍력 발전에 집중하게 되며, 독일의 풍력 발전은 아래와 같이 점증하고 있다.

<그림 2.8>은 2000년-2010년까지의 독일 내 풍력발전과 풍력에 의한 전기 생산의 추이를 나타낸 수치이다. 연방기금으로 2000년대 이후 북해 및 발틱해 내 3개의 연구 플랫폼에서의 풍력 에너지 연구개발 등을 포함한 다양한 활동에 대해 지원하고 있으며, 특히 'alpha ventus RAVE' 해외 테스트 부문 등이 주요하게 다루어지고 있다.[37] <그림 2.6>에서 전기 생산의 원료가 되는 풍력에너지원은 재생에너

---

36) Bundesministerium für Wirtschaft und Technologie, 2011, p.73.

37) Bundesministerium für Wirtschaft und Technologie, 2011, 76면.

지 개발 이후 점증하다가 2008년 40,000 MW를 정점으로 감소하였다. 이는 전력생산에 드는 풍력에너지원의 비용이 점차 상승하였기 때문이다. 세계적으로 재생에너지 분야의 신흥강국이 등장한 것도 이와 무관치 않다. 지속가능성을 충족하고, 에너지 수입국으로서의 비대칭적 관계에 대응할 수 있는 재생에너지의 활용 관건은 생산비용에 좌우된다고 할 수 있다.

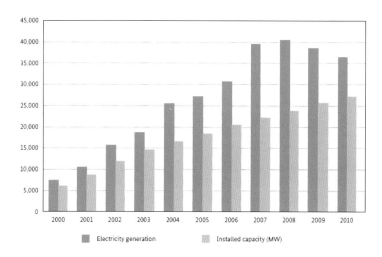

출처: BMU based on an analysis by the German Wind Energy Institute (DEWI).

<그림 2.8> 독일의 풍력개발 (2000년-2010년)

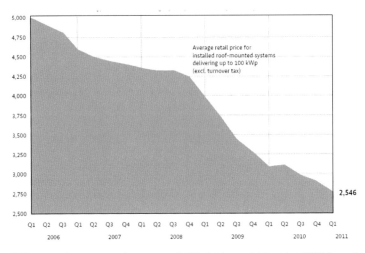

출처: Independent, representative survey of 100 heating technicians by EUPD-Research, commissioned by BSW-Solar
www.solarwirtschaft.de/preisindexAverage (2014년 11월 1일 검색).

<그림 2.9> 독일 내 태양에너지 설치비용 비교 (2006년-2011년)

위 <그림 2.7>은 2006년-2011년의 독일 내 태양에너지 설치비용을 비교한 도표다. 설치비용은 서서히 감소하다 2008년을 기점으로 급락하였다. 2006년에 비해 5년 만인 2011년 설치비용은 거의 절반이 되었음을 알 수 있다. 독일정부는 재생에너지 개발 부문에서 치열하게 진행되는 국제경쟁 아래 독일이 주도하여 온 재생에너지 산업 경쟁력을 유지하여, 잠재적 시장을 선점하기 위한 연구개발 및 기술혁신 강화에 주력해 왔다. 하지만 이러한 노력은 내수시장 에너지 순환만으로는 경쟁력을 유지하기 어렵다. 재생에너지 부문 연구개발 및 시장 활성화의 성과는 국내시장에서뿐 아니라 국제 에너지 시장 진출여부에 달려있다. 독일정부 또한 글로벌 경쟁력을 위한 기술혁신에 매진해 왔으나, 에너지 분야의 신흥강국의 부상으로 해당

영역에서의 역학관계가 급변하게 된 것이다. 태양광 시장에서 중국과 대만이 75%를 차지함에 따라 독일은 신흥국들에 주도권을 상실한데 이어 풍력부분에서도 중국과 미국에 추월당하는 등 재생에너지 분야에서도 내수시장의 한계가 노정되고, 경쟁이 더욱 심화되고 있는 바, 이에 대한 효과적인 대응방안을 마련할 필요성이 대두되고 있다.[38]

2.4.4 에너지 효율성 제고

독일 연방정부는 제6차 에너지연구 계획에서 효율적인 에너지 변환 및 사용, 에너지 효율의 달성을 위해 전체 정부재원 및 에너지 기후변화 펀드기금 35억 유로 중 34%의 예산을 지원하였다. 급변하는 에너지환경에 대응하기 위해 에너지효율성 증진을 위한 R&D에 예산을 집중 투입해 왔다. 새로운 에너지의 개발과 에너지 공급국과의 정치역학 등도 중요하나 무엇보다 독일정부가 강조하는 바는 에너지 절약 및 효율성 증진에 있다. 해당 계획에서 "독일은 전 세계에서 에너지 효율성이 가장 높고 친환경적인 경제 시스템으로 전환될 것이다."라는 대의적 목표를 제시하였으며, 이를 달성하기 위해 기술혁신에 투자하며, 에너지 관련 기초과학에서 상품화에 이르기까지 세밀하게 짜여진 네트워크를 통해 유기적 R&D 지원 정책을 추진해 나아갈 것이라 공언하였다. 이에 2010년-2014년 간 에너지전략에서, 독일 연방정부는 2050년까지 1990년 기준 대비 배출가스 80%-95%를 감축하고, 2008년 대비 1차 에너지 소비의 50%, 전기 소비의 25%를 감축 (2020년 18% 절감), 에너지 소비 중 신재생 에너지 비

---

38) 주독일대사관, "독일 에너지 연구개발(R&D) 전략서,"

율을 60%로 확대 (전기소비 중 80%로 확대)한다는 수치적 목표를 제시하고 있다.[39] 독일 정부는 2010년 제시한 에너지 전략에 따라 2050년까지 에너지 체제를 성공적으로 전환시키는 것이 단지 발전소, 파이프라인, 전력망, 대체에너지 개발 등 직접적인 에너지 산업의 전환뿐만 아니라 기간(시설)산업, 교통망과 형식, 건축구조 및 기계·산업시설 전반에 걸친 대대적인 변혁임을 인식하고 이를 위해 정부의 에너지 R&D 정책 전반을 혁신을 넘어 (에너지 체재 전환형) 정부조직 개편, 제도개혁 등을 비롯한 정책적 전환을 모색하고 있다.[40] 다시 말해 독일의 에너지 효율성 정책은 에너지 최적화 건설 (Energieoptimiertes Bauen) 부문과 삶의 공간에서의 에너지 효율성 증대로 분류할 수 있다. 도시지역 기술지원체제의 경우 'EnEff: Stadt' 그리고 지자체 에너지 공급 기술 혁신의 경우 'EnEff: Wärme' 으로 분류한다.

우선 에너지 최적화 건설을 위해 연방정부는 고효율 퀵스타트 가스발전소(high-efficiency, quick-start gas power plants) 구축, 석탄 화력 발전소의 효율성 제고 및 발전소의 사용된 가스로부터 이산화탄소 분리 방안 지원 등을 제시하였다. 고효율 퀵스타트 방식이란 바람이 갑자기 떨어지거나 구름이 태양을 가로 질러 이동하는 경우 출력의 변동을 신속 오프셋(offset)하는 것으로 효율적인 발전소 운용을 가능케 한다. 독일의 E.ON, Siemens는 Irsching, Bavaria에 세계에서 가장 효율적인 고효율 퀵스타트 방식의 가스발전소를 구축하여,[41] 60.75% 효율로 천연 가스를 전기로 변환시키고 있으며, 해당

---

39) Bundesministerium für Wirtschaft und Technologie, "Energieforschung und Innovationen, - 6. Energieforschungsprogramm," http://www.bmwi.de/DE/Themen/Energie/Energieforschung-und-Innovationen/6-energieforschungsprogramm.html (2014년 11월 1일 검색).

40) 주독일대사관, "독일 에너지 연구개발(R&D) 전략서,"

공장은 전 세계 평균 가스 발전소보다 킬로와트 시간당 세 번째 적은 연료를 소비하는 것으로 알려졌다.[42]

석탄 화력 발전소에서 생성된 배기가스로부터 이산화탄소를 분리하는 것은 기술적으로 실현가능하다. 이 과정에서 이산화탄소를 포획, 지하에 저장할 수 있으나 이는 해당 지역주민이 반발하는 님비(NIMBY: Not In My Back Yard) 시설이라 할 수 있다. 따라서 보다 나은 해결책은 캡처 가스를 산업용으로 재사용하는 것이다. 예컨대 바이오 연료와 바이오 플라스틱 생산에 필요한 원재료로 CO_2를 변환할 뿐만 아니라 CO_2와 수소로부터 메탄과 메탄올 집적하는데 사용할 수 있는 기술을 개발하는 것이다.[43]

독일의 최종 사용 에너지의 40% 이상은 약 4천만 호의 가구 그리고 최소 3700 만 직장 등 업장을 수용하고 있는 건물에서 소모된다. 따라서 난방에너지 등 최종소비자에 의해 사용되는 에너지의 효율성 및 절약은 에너지 관련 규제 및 조례의 설립과 섬세한 운용에 크게 좌우된다. 이는 유럽연합의 '건물에너지성능 효용성에 관한 지침'[44]의 수용과 더불어 기술혁신으로 이어졌다.

---

41) 해당 발전소는 30 분 이내에 정지로부터 전체 용량에 도달할 수 있으며, 실질적 온실가스 배출을 줄이고 전기 578 메가와트를 생산하게 된다. 이는 베를린 규모 도시의 에너지 요구를 충족시키기에 충분한 전력이다.

42) Simens, "Germany's new energy policy – A complex puzzle," http://www.siemens.com/press/pool/de/feature/2012/corporate/2012-03-energiewende/energiewende-e.pdf.

43) *Ibid.*

44) 유럽연합은 '건물에너지성능 효용성에 관한 지침'으로 다음의 법률을 제정하였다. 2002년 12월 16일 유럽의회 및 위원회의 건물 에너지성능에 관한 지침(Directive 2002/91/EC of the European Parliament and of the Council of 16 December 2002 on the energy performance of buildings)이 이에 해당하며, 지침의 4 가지 주요 사항은 다음과 같다.: ① 건물의 통합 에너지 성능의 측정을 위한 일반적인 방법론 제시, ② 새로운 건물과 주요 재건축 대상이 기존 건물의 에너지 성능에 대한 최소한의 기준 설정, ③ 공공건물에 대한 신규 및 기존 건물의 에너지 인증 시스템과, 인증 기타 관련 정보의 확실한 표시 시 인증서 최소 5년 이상일 것, ④ 건물의 보일러와 중앙 에어컨 시스템의 정기 검사와 보일러가 15 년 이상 된 경우 난방 설비의 평가가 포함된다(세계법제정보센터, "유럽연합(EU), 건물에너지성능 효용성에 관한 지침의 내용 및 배경에 관한 연구보고서,"

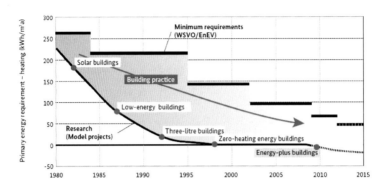

출처: Bundesministerium für Wirtschaft und Technologie, 2011, p.31

<그림 2.10> 건물 개선에 관한 연구발전

건축물의 안락함과 만족정도의 충족도 중요하지만, 독일정부가 제시하는 에너지 최적화 건물(energy-optimised buildings)은 최소한의 가열 및 냉각 요구 사항을 제공하여 에너지 효율 측면을 고려한 건물을 일컫는 것이며, 다음의 4가지 조건이 충족되어야 한다: 첫째, 최적화 된 건물 사양(태양, 기밀, 열저장 용량의 보온 및 보호)이 필요하며, 둘째, 효율적인 건설 및 기술 구축 서비스 시스템(열 회수, 낮은 엑서지 시스템)이 구축되어야 하고, 셋째, 재생 에너지(태양광, 표면 근처의 지열) 간의 통합이 이루어지며, 마지막으로 통합 시스템의 최적화 작업으로 정의된 관련 사항을 준수하여야 한다.45) <그림 2.10>에서 나타내는 바와 같이 에너지 기술 혁신은 빌딩 내 각 섹터의 에너지 효율성을 제고하여 지속적으로 진전된 성과를 보이고 있다. 연방정부는 2009년 에너지 절약 조례 (Energieeinsparverordnung, EnEV)와 2012년 개정안을 포함한 정책안을 통해 건물에 대한 지

http://world.moleg.go.kr/World/WesternEurope/EU/report/26019 (2014년 11월 1일 검색).).

45) Bundesministerium für Wirtschaft und Technologie, 2011, p.31.

침에 신재생 에너지를 통합하는 정책을 지속적으로 추진하고, 재생 에너지 열법 (Erneuerbare-Energien-Wärme-Gesetz, EEWärmeG) 및 건물 지침에서 유럽의 에너지 성능(EPBD: European Energy Performance in Buildings Directive)의 구현을 실행하여 2050년 독일 전역에서 기후 중립 건물(climate-neutral building)을 보편화할 것을 목표하고 있다.[46]

이밖에도 독일정부는 에너지 사용방안 개선책으로 전력 저손실망 구축, 에너지 저장 시설 개발 및 확대, 스마트 전력망 구축 및 수요-공급 균형 정책 등 다양한 영역에서의 기술혁신 및 예산 지원을 통해 사회 전반에 걸친 통합적 에너지 정책을 시행하고 있다. 이를 통해 독일은 에너지 정책의 친환경적 목표를 달성하고, 에너지 부문 경쟁력 제고와 동시에 산업경쟁력을 확보하고자 하며, 기술혁신을 통한 에너지 수급 탄력성을 확보하고자 한다. 이와 같은 정책적 노력을 통해 현재까지 선도적 에너지 체제 전환국이라는 평가를 받고 있으나, 에너지 시장 부문에서 강력한 신흥강대국들의 도전에 직면하기도 하였다. 따라서 현재까지의 독일 에너지 정책과 성과의 분석을 통해 향후 독일의 에너지 정책 변화 방향 및 이에 따른 시사점을 도출하여 전 지구적으로 변화하는 에너지 시장 전환 체제 적응 방안을 모색할 필요가 있다.

---

46) Ibid.

제 3 장

패시브하우스의
개념과 공법

3.1 패시브하우스의 개념과 기본원칙

　패시브하우스(Passive House)는 1988년 스웨덴 Lund 대학의 Prof. Bo Adamson과 오스트리아 Innsbruck 대학의 Prof. Wolfgang Feist (당시 Darmstadt 공과대학 교수) 의 공동협력 작업에서 비롯되었다. 최초의 패시브하우스는 1991년 준공된 독일의 Darmstadt Kranichstein에 지어진 4세대 주거건물을 실질적인 시작으로 본다. 완공 후 모니터링을 실시한 결과 연간 난방에너지 사용은 약 10kWh/m²로 독일의 일반 주거용 건물과 대비하여 약 90%의 에너지를 절감하는 것으로 나타났다.

　패시브하우스는 거주민의 인체발열과 유입되는 태양복사열과 같은 건물 내부의 에너지원을 사용하는 건물을 말한다. 독일 패시브하우스 연구소에 의하면 패시브하우스는 에너지 효율적이며, 쾌적하고, 경제적이면서, 환경친화적인 건물기준이며, 브랜드 네임이 아니라 누구에게나 열려있고, 실행하여 입증된 건축개념이다. 독일 패시브하우스 연구소에서는 난방 혹은 냉방을 위해 15 kWh/㎡.a를 충족하고, 난방/냉방부하는 최대 10W/㎥ 로 제한하며, 1차 에너지 사용은 120kWh/㎡.a를 초과하지 않는 건물을 패시브하우스라고 한다.[47]

패시브 하우스가 되기 위한 기본원칙은 단열, 패시브 하우스 창호, 열회수 환기장치, 건물의 기밀성, 열교 해소이며, 구체적 내용은 다음과 같다.

① 단열 (Wärmedämmung/Thermal insulation) : 건물의 외피는 단열이 잘 되어한다. 가장 추운 날씨에도 열관류율(U-value)이 최대한 0.15 W/(m²K) 이어야 한다.

② 패시브하우스 창호(Passivhausfenster/Passive House windows) : 패시브하우스의 창문은 단열이 잘 되어야 한다. U-value가 0.80 W/(m²K)을 벗어나서는 안 된다. g-values 가 약 50% 인 경우이다.(g-value 는 실내에 유효한 태양열의 전체투과율)

③ 열회수 환기장치(Lüftungswärmerückgewinnung/Ventilation heat recovery) : 효율적인 열회수를 하는 환기장치는 첫 번째로 쾌적한 실내공기질을 유지시키며, 두 번째로 에너지를 절약시킨다. 배출되는 공기의 열이 적어도 75%가 신선한 공기로 전도되어야 한다.

④ 건물의 기밀성(Luftdichtheit des Gebäudes/Airtightness of the building) : 틈새로 제어할 수 없는 누출이 50 Pascal 의 압력으로 테스트할 때, 시간당 전체 집규모에서 0.6 회 보다 적어야 한다.

⑤ 열교해소(Wärmebrückenfreiheit/Absence of thermal bridges) : 열교를 피하기 위해 모든 가장자리, 모서리, 연결, 관통하는

---

47) http://www.passiv.de/de/02_informationen/01_wasistpassivhaus/01_wasistpassivhaus.htm

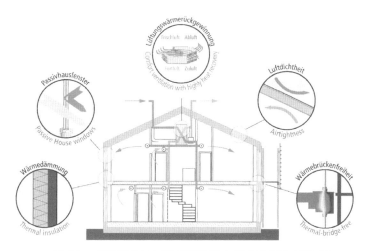

<그림 3.1> 패시브하우스의 기본원칙(출처: 독일패시브하우스연구소)

지점에서 특별히 주의하여 시공하여야 한다. 피할 수 없는 열
교는 가능한 최소화하여야 한다.[48]

3.2 패시브하우스의 공법

패시브하우스의 개념과 기본원칙을 구현하기 위한 중요 요소들을
설명하고자 한다. 패시브하우스의 기본 원칙들은 오랜 동안의 독일
건축학자들의 연구들이 축적된 것이다. 2차 대전이후 독일에서 건물
을 복원하면서 집안의 환경문제들을 해결하는 방법을 모색하였다.
집안의 온도, 결로문제, 곰팡이 문제들과 같은 건물의 환경문제를
해결해야 쾌적한 실내를 구현할 수 있다. 이를 해결하기 위해서 단

---

48) http://www.passiv.de/de/02_informationen/02_qualitaetsanforderungen/02_qualitaetsanforderungen.
ht m

열을 해야하며, 그 단열이 의미가 있을려면, 열교없는 단열이 되어
야 하고, 기밀이 이루어져야 하며, 고성능 창호가 필요하게 되었다.
그리고 여름에는 차양이 설치되어야 하고, 취침하는 동안 환기장치
가 신선한 실내 공기를 유지시켜야 한다. 이렇게 실내의 환경문제를
해결하기 위한 조건을 어디까지 구현해야 하느냐 즉, 어느 양까지
도달해야 실내 환경이 쾌적하게 유지되느냐를 찾게 되었다.

3.2.1 단열

건물에서 단열은 외부의 온도에 따라 실내온도가 영향을 받지 않
고 일정한 온도를 유지하게 한다. 겨울에는 실내의 온도가 외부온도
보다 높으므로 건물의 외피를 통하여 열손실이 일어나고, 여름에는
건물 외부에서 더운 열이 실내로 영향을 미치게 된다. <그림 3.2>
은 건물에서 부위별 열손실의 비율을 나타내고 있으며, <그림 3.3>
은 열화상카메라로 촬영한 건물의 열손실 현상을 보여주고 있다.

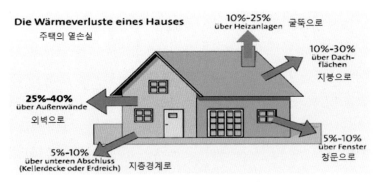

<그림 3.2> 건물의 부위별 열손실[49]

---

49) http://www.farbenkaiser.de/energiesparen.html

<그림 3.3> 열화상카메라로 촬영한 건물의 열손실[50]

　패시브하우스에서 단열은 유럽 중부지방의 기후에서 추울 때와 더울 때 실내의 온도를 일정하게 유지시키기 위하여 외단열 공법으로 시공한다. 단열의 기준은 기하학적 열교가 발행하는 모서리에 표면 열전달 저항을 높이는 붙박이장을 설치했을 때, 곰팡이가 생기지 않을 정도의 모서리 온도를 설정하였는데, 그 온도가 12.6℃ 이상이 되어야 한다. 12.6℃ 이상을 유지하려면 벽체의 열관류율[51]이 0.15W/㎡k 이하가 되어야 한다. 건물의 외부와 내부의 열흐름을 효과적으로 차단하기 위해 건물 전체를 둘러싸는 외단열이 필수이다. <그림 3.4>는 외단열의 개념도를 나타내고 있다.

---

50) https://wechseljetzt.de/strom-und-gas-nachrichten/energiesparen-durch-waermedaemmung/
51) 열관류율(U값)은 특정 두께를 가진 재료의 열전도 특성을 말한다.

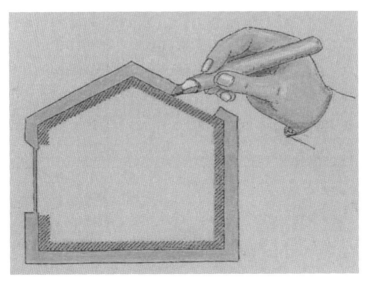

<그림 3.4> 패시브하우스 외단열의 개념도[52]

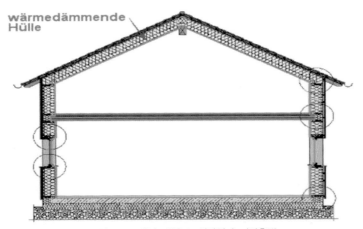

<그림 3.5> 패시브하우스 외단열과 기밀층[53]

52) http://passiv.de/downloads/05_teil1_konstruktionshandbuch.pdf

53) http://www.passivhaustagung.de/Passivhaus_D/Passivhaus_Daemmung.html

<그림 3.5>는 건물 전체를 둘러싼 외단열과 기밀층을 나타내고 있다.

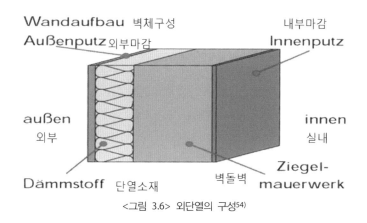

<그림 3.6> 외단열의 구성[54]

<그림 3.6> 은 외단열의 구성을 나타낸 것이다. 이렇게 구성된 벽체의 열관류율은 $0.15W/㎡k$ 이다.

<그림 3.7>은 외단열 시공 사례를 보여주고 있다.

<그림 3.7> 외단열 시공사례[55]

54) http://www.pilhartz.de/leistungen/waermedaemmung/

패시브하우스에서 부위별 열관류율은 다음과 같다.

지붕 U-value : 0.08 - 0.15 W/㎡k

벽 U-value : 0.08 - 0.15 W/㎡k

바닥 U-value : 0.10 - 0.15 W/㎡k

3.2.2 패시브하우스의 창호

건물의 창호 성능이 떨어지면 콜드드래프트(cold draft)[56]가 발생하는데 건물의 쾌적성을 떨어뜨린다. 사람이 창가에 섰을 때 콜드드래프트를 느끼지 않으려면 0.2m/s를 넘기지 않아야 발목에서 차가운 기운을 느끼지 않는다. 유럽 중부 지방의 기후에서 0.2m/s를 넘기지 않는 창호의 열관류율은 0.8W/㎡k 이하라야 한다. 또한 콜드 드래프트가 생기지 않더라도 사람이 창쪽으로 빼앗기는 열을 생각했을 때, 창의 표면온도는 실내온도와 4.2K 이내로 차이가 나야 추위를 느끼지 않는다. 즉, 실내온도가 20℃ 일 때, 창쪽의 온도는 15.8℃ 이상이 되어야 차게 느끼지 않는다. 이를 만족시키는 창의 열관류율이 0.8W/㎡k 이하라야 차게 느끼지 않는다는 결론을 얻게 된다.

이를 위해 패시브하우스의 창호는 3중 유리 창호가 대부분이다. <그림 3.8> 창호의 열관류율 계산은 유리의 열관류율과 프레임의 열관류율을 고려하여 다음의 수식으로 구한다. 창호의 열관류율은 낮으면 낮을수록 성능이 좋다.

---

55) http://www.malerbetrieb-binner.de/waermedaemmung

56) 실내에서 차가운 공기의 흐름이 있거나, 창호 등의 차가운 면으로부터 냉각된 차가운 바람이 내려오는 현상

$$Uw = AgUg+AfUf+lg\Psi g \ / \ Aw(Ag+Af)$$

Ag: 유리면적 Ug: 유리열관류율
Af: 창틀면적 Uf: 창틀열관류율
lg:유리테두리길이 Ψg: 창가열관류율

창<그림 3.8>은 패시브하우스에 설치되는 목재 3중 유리창호이다. 창호의 설치는 <그림 3.9>와 같이 단열재 부분에 창틀을 설치하여야 열교 현상이 일어나지 않는다. <그림 3.10>은 패시브하우스의 창호 사례들이다.

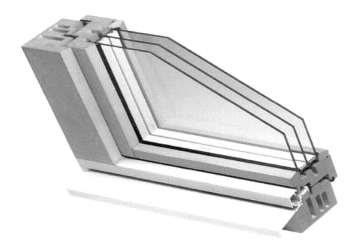

<그림 3.8> 패시브하우스 목재 3중 유리 창호[57]

---

57) http://passivhausfenster.at/general/description-1/description-1/view?set_language=en

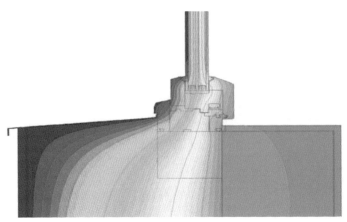

<그림 3.9> 패시브하우스 창호 설치와 열교 차단[58]

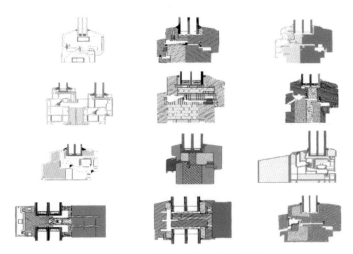

<그림 3.10> 패시브하우스 창호 종류[59]

58) http://www.passiv.de/downloads/05_teil1_konstruktionshandbuch.pdf

59) http://www.passiv.de/downloads/05_teil1_konstruktionshandbuch.pdf

3.2.3 기밀성

기밀 시공은 패시브하우스의 여러 기본 요소 중에서 가장 중요한 요소 중의 하나이면서 완벽한 시공이 요구된다. 기밀층은 <그림 3.11> 과 같이 건물의 내부의 전체를 완전히 둘러싸야 되며, 조금의 틈새도 생기지 않도록 정밀시공하여야 한다.

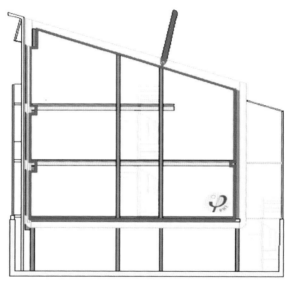

<그림 3.11> 패시브하우스 기밀 개념도[60]

만약에 기밀 시공이 부실하여 틈새가 생기면 열손실 뿐만 아니라 결로도 생기게 된다. 기밀 시공에서 조금만 틈이 나면 이 곳으로 더 빠른 속도로 실내의 공기가 빠져나가면서 에너지 손실과 결로가 발생한다. <그림 3.12>은 1mm 틈새로 빠져나가는 수분의 양을 보여준다.

---

60) http://passiv.de/former_conferences/Passivhaus_D/luftdicht_06.html

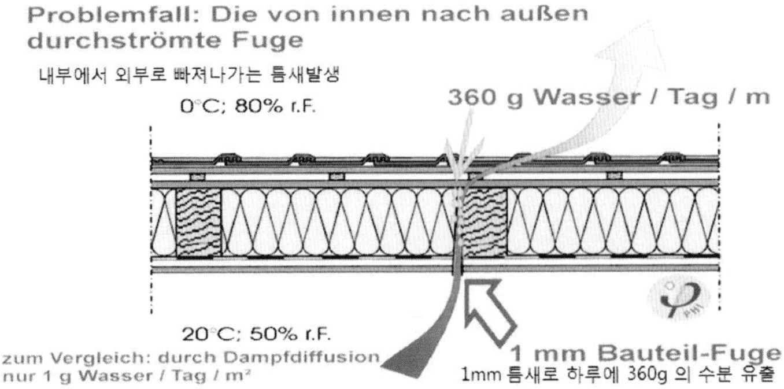

Problemfall: Die von innen nach außen durchströmte Fuge

내부에서 외부로 빠져나가는 틈새발생

0°C; 80% r.F.

360 g Wasser / Tag / m

20°C; 50% r.F.

zum Vergleich: durch Dampfdiffusion nur 1 g Wasser / Tag / m²

1 mm Bauteil-Fuge
1mm 틈새로 하루에 360g 의 수분 유출

<그림 3.12> 기밀층 틈새로 배출되는 수분의 양[61]

패시브하우스에서 요구되는 기밀 기준은 실내와 외부의 압력차가 50pa 일 때, 시간당 침기량이 실내 공기량의 60% 이하라야 한다. 이를 수식으로 표시하면,

$$n_{50} : \leqq 0.6 \ /h$$

인데 기밀측정의 방법으로 블로어도어테스트(blower door test)를 하게 된다. 실내외 압력차를 50pa 로 설정하여 침기량을 측정하는 것이다.

n_{50} = V_{50}(측정된 유량)/Vair (실내부피) 로 계산될 수 있다.

---

61) http://passiv.de/former_conferences/Passivhaus_D/luftdicht_06.html

<그림 3.13> blower door test

    <그림 3.13> 은 기밀도를 측정하는 블로어도어테스트하는 사진이다. 아래 사진과 같은 측정기구를 설치하여 인위적으로 실내외의 기압차를 50pa로 설정한다. 풍속으로 대비하면 약 8-9m/s 에 가깝다. 이런 조건에서 시간당 실내 체적의 0.6회만 침기되어야 한다는 요구기준이다. 그런데 최근 독일의 패시브하우스 기밀 성능은 50pa 에서 약 0.3회/h 라고 한다.[62] 이는 상당한 기밀의 수준에 도달한 수치이다.

---

62) 박선효,원종서,조재홍, 기밀 시공 관리에 따른 건물의 기밀도 현황 연구, 대한건축학회 춘계학술발표대회 논문집 제7권 제1호

3.2.4 환기

환기는 "실내의 공기 정화 또는 온열환경조건의 개선 등의 명확한 환경 개선을 목적으로 거주자가 의도적으로 실내외 공기를 교체하는 행위를 나타내는 용어이다. 그것을 기계의 힘에 의할 경우에는 기계 환기 또는 강제환기라고 한다."[63] 거주자의 의도와는 달리 "공기가 실내에 침입하거나, 실내로부터 누출되는 현상"[64]을 침기 혹은 누기 라고 한다. 앞장에서 다룬 기밀은 바로 침기와 누기를 차단하기 위한 것이다. 패시브하우스에서는 높은 수준의 기밀 시공과 단열 시공으로 실내 공기의 쾌적함을 유지하기 위해 환기장치를 사용한다. 환기장치 는 대개 열회수 전열교환기를 사용하는데, 건물 내부의 체적과 온도 등을 고려하여 정확하게 계산된 용량을 설치한다. 그런데 보이지 않 는 곳에서 침기와 누기가 일어나면 환기장치의 효율이 떨어지게 된다.

패시브하우스에서의 환기 방식은 급기와 배기를 분리한다. 거실, 침실, 서재 등과 같이 사람이 상시 거주하는 공간에는 급기를 하고, 부엌, 욕실, 화장실, 창고 등 비거주 공간에는 배기 설치를 한다. 복 도와 계단을 통해 급기 공간과 배기 공간을 연결하는 건물 전체를 환기하는 시스템을 갖추어야 한다.

패시브하우스에서 공기질을 유지하기 위한 거주 건물의 기준은 급기는 1인당 30㎥/h(DIN 1946-6)을 공급해야 한다. 이는 개별 방 을 기준으로 한 것이 아니라 전체 주거 공간을 기준으로 한 것이다. 배기는 부엌에서는 60㎥/h, 욕실에서는 40㎥/h, 화장실이나 창고 같 은 곳에서는 20㎥/h 정도로 배출해야 한다. 또 다른 기준으로 환기

---

63) 박근태, "패시브하우스에서의 환기성능특성에 대한 연구", 설비저널 제41권 2012년 4월호, p.39.
64) Ibid.

횟수는 최소 0.3회로 설정하고 있다. 환기량은 위의 기준들 중에 가장 큰 값으로 설정한다. 예를 들어 거주면적 85㎡의 아파트에 3명이 거주한 공간에 방이 3실, 부엌 1실, 욕실1실의 환기량을 산출하면,

급기: 3인 x 30㎥/h = 90㎥/h

배기: 60㎥/h + 40㎥/h = 100㎥/h

최소환기횟수: 0.3/h x 85㎥ x 2.5m = 64㎥/h (2.5m는 실내 높이)로 계산된다. 이 중에서 가장 큰 값인 100㎥/h를 환기량으로 한다.[65]
<그림 3.14>은 패시브하우스의 환기 개념도이다.

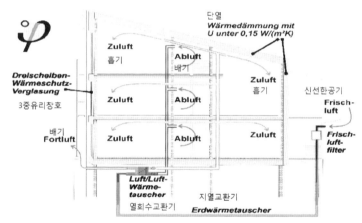

<그림 3.14> 패시브하우스 환기 개념도[66]

패시브하우스에서 환기는 기밀과 밀접한 관계를 가진다. 건물에 고기밀 시공을 하게 되면, 열손실을 막고, 결로현상을 줄일 수 있다. 하지만 자연환기가 어렵기 때문에 강제적인 환기, 즉 기계식 환기를

65) KPHI, Training Course for Certified Passive House Designer Training Course Material, Darmstadt 2014, p.432.

66) http://www.passivhaustagung.de/Passive_House_E/ventilation_06.html

해야 한다. 기계식 환기를 위해서 패시브하우스에서는 열회수 전열교환기 혹은 폐열회수환기장치를 사용한다. 열회수 전열교환기는 공기를 강제적으로 순환시키는 기능 뿐만 아니라, 실내의 따뜻한 공기가 배출되면서 들어오는 공기에 열을 전달하게 된다. 이때 배기와 급기가 섞이는 것이 아니라 열교환을 위해 단지 교차할 수 있게 장치를 만든 것이다. 이런 열회수전열교환기의 열효율은 75% 이상 되어야 인증을 받을 수 있다.

<그림 3.15> 은 열회수 전열교환기의 급기와 배기시의 온도를 보여주고 있으며, 급기의 온도를 보면 배기가 교차하면서 배기의 열이 전달되어 급기의 온도가 실외에서 실내로 들어올 때보다 데워진 현상을 확인할 수 있다. <그림 3.16> 은 열회수 전열교환기의 내부 구조와 외부의 사진이며, 급기와 배기의 덕트가 연결된 구조를 보여주고 있다.

<그림 3.15> 급기와 배기의 온도변화[67]

<그림 3.16> 열회수 전열교환기의 내부와 외부 구조[68]

3.2.5 열교해소(Wärmebrückenfreiheit/Absence of thermal bridges)

실내의 따뜻한 열은 내부에서 외부로 빠져나가려고 한다. 그때 건
물의 단열이 확실하게 되어 있지 않은 부분이나 단열이 되어 있지

---

67) http://www.passivhaustagung.de/Passive_House_E/passive_house_ventilation.html

68) http://www.passivhaustagung.de/Passive_House_E/passive_house_ventilation.html

않은 부분을 통해 외부로 빠져나가게 된다. 이렇게 되면 건물의 열손실이 발생하고 그 자리에는 곰팡이가 생기게 된다. 패시브하우스는 이런 열교현상을 해소하기 위해 외단열로 건물을 완전히 둘러싸게 된다. 특히 열교가 발생하기 쉬운 모서리와 이음새 부분에 철저한 시공이 필요하다. <그림 3.17>은 열교가 발생하기 쉬운 부분을 빨간색 원으로 표시한 것이다.

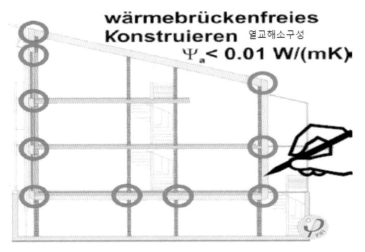

<그림 3.17> 열교가 발생하기 쉬운 부분

다음 <그림 3.18><그림 3.19><그림 3.20>은 위 <그림 3.17>의 이음새 부분 중에 지층, 지붕, 창문의 이음새 부분에 대한 외단열을 시공한 상세도와 열의 흐름을 보여준다.

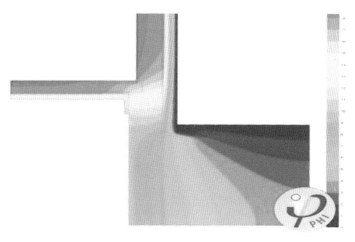

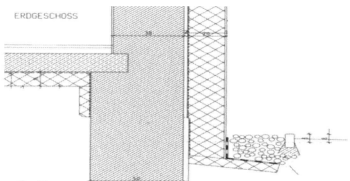

<그림 3.18> 패시브하우스 지층 모서리의 열교해소와 상세시공[69]

---

69) http://www.passipedia.de/bau/qualitaetssicherung/waermebruecken/waermebruecken

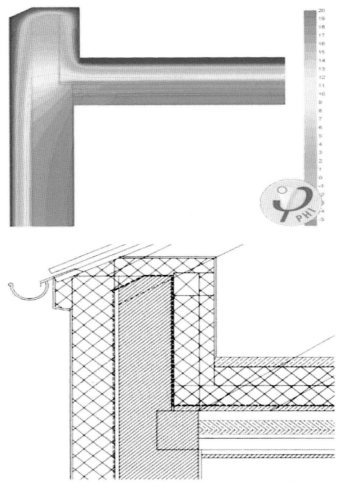

<그림 3.19> 패시브하우스 상단 모서리 열교해소와 상세시공

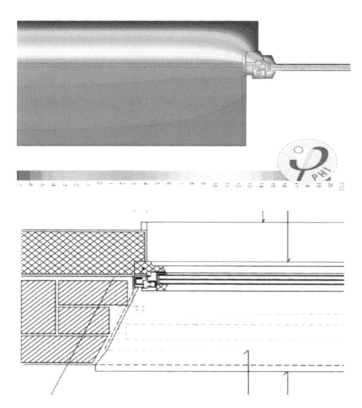

<그림 3.20> 패시브하우스 창호 열교해소와 상세시공

제 4 장

국내 패시브하우스
한계와 문제점

4.1 국내 적용상의 한계

　패시브하우스는 단열, 창호, 기밀, 열교 등과 같은 조건을 동시에 한 건물에서 만족하는 건축물이며, 각 부분별 기술구현에 있어서는 국내에서도 상당한 연구와 기술개발이 이루어져 있다. 국내의 경우 패시브하우스는 '거주민의 인체발열과 유입되는 태양복사열과 같은 건물 내부의 에너지원을 사용하는 건물'이라는 의미에서 2009년부터 시공되었다. 대표적 사례로는 강원도 홍천군 살둔마을의 단독주택, 경기도 파주시 동패동 단독주택, 경기도 화성시 반송동 근린생활시설 등이 건축되었으며, 이후 에너지 절감 내지는 에너지 효율을 높이는 저에너지 건축물들이 전국적으로 시도되었다.

　한국패시브협회 홈페이지에 의하면 협회 회원사들이 건축한 국내 저에너지/패시브하우스 49 채의 사례 중에 업무시설로는 국립공원 분소 3 곳, 한국도로공사 영업소 1곳, 주민센터 1곳, 공동주택은 기숙사 1곳이며, 나머지는 대부분 단독주택들이다. 난방에너지요구량이 30 kWh/㎡a 이면 3리터 하우스, 15 kWh/㎡a 이면 1.5리터 하우스로 표기하였다. 패시브하우스의 난방에너지요구량 1.5리터 하우스는 8 곳이다. 이 중에서 독일 패시브하우스 연구소에서 정식으로 인증받은 패시브하우스는 인천시 서구 원창동에 있는 공동주택의 노인정과 서울시 서초구 방배동의 단독주택, 경기도 용인시 처인구에 있는 교육연구시설 3 곳이다.[70]

이상의 내용을 종합해 볼 때, 독일 패시브하우스 연구소의 인증기준을 충족시키는 건축기술을 국내에서도 보유하고 있다. 하지만 독일 패시브하우스의 인증기준을 그대로 한국에 적용하는 데는 다소 어려움이 있다. 예를 들어, 강원도 횡성군 둔내면의 단독주택은 1.04 리터 하우스인데, 독일 패시브하우스 인증을 받으려 하였으나, 우리나라 열교환기의 시험규격과 독일의 시험규격이 달라, 독일 패시브하우스 연구소(PHI: Passivhaus Institut)에서 인증을 받지 못하였다고 한다. 따라서 한국과 유럽의 건축조건이 다른 점을 고려해야 하며, 적용상의 문제점은 다음과 같다.

1) 패시브하우스의 난방에너지요구량은 독일과 같은 중부유럽의 표준기후를 토대로 하고 있다. 한국에 적용하기 위해서는 한국 각 지역의 기후를 토대로 계산된 기준을 설정할 필요가 있다.

2) 한국의 주택 거주민은 대부분 바닥난방을 선호하는 경향이 있어 열량은 비슷하게 산출되더라도 거주민이 느끼는 쾌적성은 공기난방과는 다르기 때문에 이에 대한 고려가 요구된다.

3) 국내는 경제적인 측면에서 에너지절감 효과를 거두기 위한 건축비 상승 비율이 아직까지 독일보다 높다.

4) 국내는 전기료가 유럽보다 상대적으로 싼 편이라 저에너지 효

---

70) http://www.phiko.kr/bbs/board.php?bo_table=z3_02&page=2&page=1

율을 통한 전기료와 화석연료비의 절약으로 상승된 건축비를 상쇄하는데 유럽보다 더 많은 기간이 필요하다.

5) 단독주택 이외에 업무시설, 공동주택 등 대단위 건물에 적용하기 위한 기술개발이 필요하며, 이를 위한 건축자재 개발도 함께 병행되어야 한다.

6) 기존 주거건물 신축시에 책정되어 왔던 저가의 건축비 관행으로는 제대로 된 패시브하우스를 건축하기가 어렵다.

7) 저가입찰 방식의 시공사 선정 방식은 건축비와 관련하여 주택성능 구현의 걸림돌이다.

이상과 같이 패시브 하우스는 국내 적용상에 다양한 어려움이 있지만, 공통된 문제점은 국내여건에 부합되지 못하는 패시브 하우스 기술을 적용하는 것이다. 따라서, 이를 극복하기 위해서는 설계 및 시공과정에서 국내여건에 부합하는 기술적 관리요인을 정립한 후 요소기술을 개발하고 적용하는 노력이 요구된다.

4.2 문헌연구를 통한 문제점 분석

본 장에서는 국내의 패시브하우스 관련 문헌연구를 통해서 공통적으로 제기되는 키워드를 추출함으로써 국내 패시브하우스 적용상의 문제점을 도출하고자 한다.

4.2.1 문헌연구를 통한 개선요인 도출

패시브 하우스 관련 연구는 건축계획, 건축설비, 태양에너지 관련

학회를 중심으로 진행되고 있으며, 대부분의 연구들이 기술적 부분에 초점을 맞추고 진행되고 있다. 본 절에서는 개선이 요구되는 문제점을 추출하기 위하여 1차에 20건, 2차에 24건에 해당하는 패시브 하우스에 관한 문헌을 분석하였다.

1) 1차 문헌분석 결과

20개 문헌의 주제어 분석결과 저에너지, 기밀성, 에너지 절약 등 패시브 하우스의 목적을 구현하기 위한 기술적 내용들로 나타났다.

<표 4.1> 국내 패시브하우스에 대한 1차 문헌 분석 자료

구 분	주제	주제어
1	패시브하우스 설계기준에 대한 고찰	패시브하우스;건물에너지;열관류율;난방에너지 소비량
2	전열해석 시뮬레이션을 통한 패시브주택의 단열외피 열교 최소화 상세 개발 연구	열교; 전열해서기 패시브주택; 열교없는 시공상세
3	패시브 하우스와 일반 주택의 기밀성에 관한 비교 연구	패시브; 패시브주택; 기밀성; 블로어도어; 저에너지
4	저에너지 공동주택 계획 시 요소기술 적용을 위한 의사결정 방법	저에너지 공동주택; 에너지 절약; 비용; 패시브디자인 기술; 의사결정
5	패시브 하우스의 에너지 절약기술 분석	에너지절약; 패시브하우스; 재생에너지
6	저에너지 주택 구현을 위한 패시브디자인 요소의 시공방안	저에너지하우스; 패시브하우스; 고기밀; 고단열; PHPP2007: 기밀성 테스트
7	기존 농촌주택과 패시브형 주택의 에너지 요구량 비교분석/ PHPP분석을 통한 주택의 기밀성 및 창호성능 분석을 중심으로	패시브하우스; 패시브형 주택; 농촌주택; 기밀성; 블로어 도어; 저에너지
8	패시브하우스 기준에 적합한 한국형 플러스 에너지 주택의 시공 기법에 관한 사례 연구	플러스에너지 주택; 패시브하우스; 에너지 성능; 시공
9	한국형 플러스에너지 주택의 디자인 및 시공 기법에 관한 사례 연구	플러스에너지 주택; 패시브하우스; 에너지 성능; 시공
10	한국형 패시브하우스 실현을 위한 국내 지역별 단독주택 요소기술 최적화 방안 연구	패시브하우스; 에너지 성능; PHPP; 요소기술

11	패시브주택 에너지 절감목표 수준별 요소기술 통합구성에 관한 연구	부하저감; 패시브주택; 요소기술; 에너지 절감수준; 최적구성; 시뮬레이션
12	초에너지 절약형 건물 3L House의 주요 적용 기술	3리터 하우스(패시브하우스); 에너지 절약; 연료전지
13	건축물에너지절약요소기술 적용에 따른 단도구택 에너지 요구량 절감률 변화에 관한 연구	에너지절약설계기준; 패시브주택; 단독주택; 에너지효율화주택
14	패시브하우스 설계 기술을 고려한 공동주택의 냉난방 부하 특성	공동주태기 패시브하우스; 냉난방 부하; 에너지절약 설계변수
15	국내 외 패시브하우스의 사례분석을 통한 건축적 시사점 도출	패시브하우스; 녹색건축; 건물녹화
16	패시브하우스의 디자인 기법과 기술 성능에 관한 연구/유럽 패시브하우스 공동주택 사례를 중심으로	패시브하우스; 패시브 디자인 원리; 패시브 전략; 에너지 성능
17	풍수지리사상으로 본 한옥의 패시브 건축 요소에 관한 연구/ 양동마을의 고택을 중심으로	풍수지리사상; 음양오행설; 패시브 건축; 한옥; 친환경 건축
18	다가구 주택의 설계현황 및 외피구성의 적정성 연구/ 외피 단열재의 에너지 절감 및 경제적 적정성에 기초하여	다가구주택; 패시브하우스; 외피구성; 외피단열
19	미기후 조절형 패시브하우스 디자인 수법/ EP-CFD커플링 시뮬레이션의 실제주택 적용을 중심으로	미기후 조절; 패시브하우스; 에너지 플러스(EP)-CFD커플링 시뮬레이션
20	패시브 디자인에 기법의 적용성에 관한 연구/ 한국과 중국 패시브 하우스 사례를 중심으로	한랭 지역; 다층 주택; 패시브 디자인

2) 2차 문헌 분석 결과

24개 문헌의 주제어 분석결과 1차 분석결과와 동일하게 저에너지, 기밀성, 에너지 절약을 비롯하여 에너지 효율성, 요소기술 등 패시브 하우스 구현을 위한 기술적 부분들에 대한 내용들이 대부분인 것으로 나타났다.

<표 4.2> 국내 패시브하우스에 대한 2차 문헌 분석 자료

구 분	주제	주제어
1	패시브 공동주택과 일반 공동주택의 건축자재 및 온실가스 배출량 비교분석에 관한 연구	패시브 공동주택; 건축자재; 온실가스
2	저에너지 공동주택의 난방에너지 사용량 분석에 관한 연구	저에너지 공동주택; 난방; 에너지 소비
3	저에너지 친환경 실험주택의 모니터링 시스템 구축 및 평가	모니터링 시스템; 저에너지 친환경 공동주택; 실험주택; 성능평가
4	친환경 공동주택 구현을 위한 저에너지 설비시스템 통합설계 방안 및 파일럿 프로젝트 계획	저에너지 친환경 공동주택; 파일럿 프로젝트; 저에너지 시스템; 시스템 통합설계
5	저에너지 주거계획을 위한 패시브적인 전략 비교 분석	패시브 전략; 저에너지 주택; BIM; 에너지 시뮬레이션;
6	저에너지 친환경 공동주택 설비시스템 통합설계를 위한 기초 연구	친환경 저에너지 공동주택; 시스템 통합설계; 친환경 시스템; 설문조사
7	저에너지 친환경 실험주택 성능평가를 위한 모니터링 시스템 구축 방안	모니터링 시스템; 저에너지 친환경 공동주택; 실험주택; 성능평가
8	생태건축 사례분석을 통한 저에너지 주택설계 요소 도출	저에너지 주택; 생태건축; 건축재료; 단열; 구조체; 중간층설계
9	저에너지 건축 사례 및 주요 기술	Eco-3리터 하우스; 에너지 저감 아파트; 고성능 창호; 건물 일체형 지열 시스템
10	국내외 저에너지 건축에 관한 제도 및 기준 비교 분석 연구	저에너지; 저에너지 건축; 친환경; 친환경 건축물; 인증제도
11	저에너지 공동주택의 난방성능에 관한 거주후 평가	저에너지 실험주택; 재실 스케쥴; 난방에너지
12	저에너지 친환경 실험주택 구축 및 설비시스템 통합설계 사례	저에너지 친환경 공동주택; 실험주택; 저에너지시스템; 시스템통합설계
13	미국 저에너지건물 통합디자인 전문가 인센티브 연구	전문가 인센티브; 통합디자인; 저에너지건물
14	저에너지 친환경 공동주택 Pilot Project 외부공간 조성계획/ 연세대학교 송도캠퍼스 게스트하우스를 중심으로	저에너지 친환경 공동주택; 그린홈; 생태적 외부공간 계획
15	재실실험을 통한 저에너지 실험주택의 동절기 난방에너지 성능평가에 관한 연구	에너지 소비량; 그린홈플러스
16	패시브 하우스 소개 및 기준	건물외피, 창문, 열교환 환기시스템
17	CPHD 교육과정 / 기밀(airtightness) 및 측정 방법	기밀성

18	패시브하우스(Passive house) 환기시스템 특성 및 현장 적용방안	환기시스템
19	패시브하우스 기술 및 국외 동향 Vol.2011 No.3 [2011] 한국건축친환경설비학회 학술발표대회 논문집	창호, 단열, 기밀성, 소음, 회수율
20	패시브하우스 설계 & 시공디테일, 홍도영, 주택문화사, 2012	단열재, 창호, 건물 방향

4.2.2 문헌 분석을 통한 개선요인 도출결과

그 결과 <표 4.3>과 같이 대부분의 연구들이 공통된 범주(부위)를 그 대상으로 하였다. 그 중 가장 많은 부위는 외피였으며, 다음으로 창호의 순서로 나타났다. 그리고 목적은 단열 성능이 가장 많았으며, 다음으로 기밀 성능, 쾌적성 확보의 순서로 나타났다.

<표 4.3> 문헌 분석을 통한 개선 요인 도출 결과

구 분	개선 요인	부 위	목 적
1	열관류율	창호	쾌적성
2	열교	접합부	단열성
3	기밀	외피	기밀성
4	고기밀	외피	기밀성
5	고단열	외피	단열성
6	기밀성 테스트	외피	기밀성
7	기밀	외피	기밀성
8	연료전지	에너지	에너지 효율
9	냉난방 부하	냉난방	쾌적성
10	외피구성	외피	단열성, 기밀성
11	외피단열	외피	단열성
12	단열	외피	단열성
13	고성능 창호	창호	단열성
14	건물외피	외피	단열성
15	창문 구조	창호	단열성

16	열교환 환기시스템	열교환시스템	쾌적성
17	기밀	외피	기밀성
18	환기시스템	환기	쾌적성
19	창호	창호	단열성
20	단열	외피	단열성
21	기밀	외피	기밀성
22	소음	구성공간	소음
23	회수율	에너지	에너지 효율
24	단열재	단열재료	단열성
25	창호	창호	단열성
26	건물 방향	위치	주거 위치 조정
27	열교	접합부	단열성
28	창호성능	창호	단열성
29	환기	환기	쾌적성
30	급탕	냉난방	쾌적성

제 5 장

독일 패시브하우스의
거주후평가(POE)

5.1 분석 개요

거주후평가(POE : post occupancy evaluation)는 '거주자의 거주환경 개선을 목적으로 하여 일정기간 거주후 실시하는 거주자의 환경에 대한 만족도를 결정하는 건축환경의 질에 대한 거주자 입장의 주관적 평가 및 진단'71)이다. 거주후평가는 1960년대 이후 건물의 사용자들이 실제 사용하면서 필요한 부분을 건물의 계획단계에서부터 반영하기 위해 영국에서부터 시작되었다. 처음에는 학교, 기숙사, 사무실 건물부터 시도하다가 차음 주택으로 확대되었다. 거주후평가에 대한 평가과정과 평가방법에 대한 논의도 활발해져 최근에는 건물 성능평가와 기술 외적인 요인까지 분석하게 되었다.

거주후평가에 대한 개념도 발전하였다. 1974년에 브릴(Brill) 은 '건축환경에 거주하는 사용자 효용성에 대한 조사'라고 정의를 하였고, 1979년 라빈위츠(Rabinwitz)는 '경제적, 기술적 요인 뿐만 아니

---

71) 안경환, 거주후평가(POE)의 제개념과 발전과정, 대한건축학회지 34권2호 통권153호,1990년3월, p.48.

라 사회행태적 요인 측면에서의 건축환경의 효용성을 결정하는 건축작업 과정에서의 평가 및 진단단계'라고 하였다. 1980년대에 들어서는 짐링과 라이젠슈타인(Zimring & Reizenstein)은 '사용자를 위하여 건축환경을 개선하는데 있어 특별한 의미를 지니는 환경-행태 연구의 한 유형' 이라고 하였으며, 매스터슨(Masterson)은 '거주자의 입장에서 본 건축환경의 질에 대한 주관적 판단' 이라고 정의하면서 거주후평가의 효용성이 증대되었다.

거주후평가의 목적에 대해서, 짐링과 베르너(Zimring & Wener)는 거주후평가의 중요한 목적이 환경의 변화와 과학적인 정보의 축적에 있다고 하였다. 라빈위츠는 과거에 내린 결정의 의미를 깨닫고 현재에 더 나은 결정을 내리는데 거주후평가의 목적이 있다고 하였다.

이런 거주후평가는 시설관리 분야, 집행기구에의 적용, 거주자에의 적용, 실무자에의 적용에서 활용되고 있다.[72]

5.2 POE 설문조사

5.2.1 설문조사 설계

본 연구에서는 거주후평가의 여러 가지 평가방법 중에서 거주민의 거주만족의 정도에 중점을 두고자 한다. 또한 패시브하우스가 추구하는 에너지 절감과 친환경에 대한 인지도에 대해서도 조사하였다. 특히 패시브하우스의 주요특징 중의 하나인 에너지 절감을 위한 기능을 설문문항으로 설정하였다.

---

72) ibid.

문헌분석을 통해 추출된 패시브하우스의 주요 기능에 대해 거주민이 어느 정도 만족하느냐에 대해 5점 척도로 설문하기로 하였다. 거주민의 패시브하우스의 인지도를 알아보기 위해 역시 5점 척도로 설문문항을 설정하였다.

5.2.2 설문조사 방법

독일 현지인에게 독일 바이에른 지방의 뮌헨(München) 일대에 소재하는 패시브하우스를 방문하여 실제 거주민에게 설문조사를 실시하였다. 설문지는 총 89 부 회수되었다.

SPSS 프로그램을 이용하여 측정도구의 탐색적 요인분석 및 신뢰도 분석을 하였고, 변수들간의 상관분석을 실시하였다. 그 다음 일반적 특성에 따른 측정변수의 평균차이 검정을 하였다.

5.3 결과의 고찰

1) 측정도구의 탐색적 요인분석 및 신뢰도 분석

본 연구에서는 측정도구의 구성타당도 검증을 위하여 탐색적 요인분석(exploratory factor analysis)을 실시하였다. 요인추출방법은 주성분분석법을 사용하였으며, 회전 방법(rotation)은 직교회전(vari-max), 즉, 추출 요인들 간의 상호독립성을 가정하여 회전하는 방법을 이용하였다. 요인의 수는 고유값(eigen-value) 1 이상을 기준으로 하였고, 크로스로딩(cross-loading: 0.5 이상의 요인적재량이 2개 요인 이상에 나타남) 되거나 0.5 미만의 요인적재량이 있을 경우 그 항목을 제거

하였다.

측정도구의 탐색적 요인분석은 패시브하우스의 만족도를 대상으로 하였으며 <표 5.1>에 정리하였다. 그 결과 외부차단성은 6개의 문항 중 1개 문항이 제외되었으며, 실내 환경은 3개 문항, 실내체감온도는 2개 문항으로 총 3개의 요인으로 구성되었다.

측정항목의 내적 일관성(internal consistency)을 검증하기 위해 신뢰도 분석을 실시한 결과는 <표 5.1>과 같다. 내적 일관성이란 동일한 개념을 측정하기 위하여 여러 항목을 이용하는 경우 신뢰도를 저해하는 항목을 찾아내어 제거시킴으로써 측정도구의 신뢰도를 높이기 위한 방법으로 크론바하 알파(Cronbach's α)계수를 이용한 방법이 많이 사용되고 있다.

Cronbach's α 계수 값의 기준에 대하여 밴과 훼리(Van and Ferry)(1980)는 일반적으로 .60 이상이면 측정도구의 신뢰도를 수용할만하다고 하였다. 본 연구에서 사용된 측정도구들의 신뢰도 분석 결과 Cronbach's α 계수가 .60 이상을 상회하고 있어 각 도구의 신뢰도가 확보되었다고 할 수 있다.

<표 5.1> 측정도구의 탐색적 요인분석 및 신뢰도분석

	외부차단성	실내외환경	실내체감온도
창호의 기밀성	**0.829**	0.089	0.124
열교해소	**0.777**	-0.094	-0.028
창호의 단열	**0.665**	0.212	0.331
외벽의 기밀	**0.595**	0.075	0.262
외피의 단열	**0.591**	0.382	-0.032
실내공기의 쾌적성	0.122	**0.736**	0.164
햇빛의 양	0.372	**0.691**	0.043
인공조명	-0.101	**0.641**	0.054

여름체감 온도	0.008	0.053	**0.930**
겨울 체감온도	0.409	0.218	**0.718**
고유값	2.767	1.695	1.608
설명력	27.669	16.946	16.077
누적설명력	27.669	44.615	60.692
cronbach's α	0.775	0.632	0.700

2) 변수들 간 상관분석

독립변수(패시브하우스의 인지도) 및 종속변수(패시브하우스의 만족도)에 대한 상관분석 결과는 <표 5.2>와 같다.

<표 5.2> 독립변수 및 종속변수에 대한 상관분석 결과

변수	구분	mean	sd	1	2	3	4	5	6	
독립 변수	기능	3.47	1.044	1						
	에너지절약	3.99	.856	.540	1					
	친환경성	3.87	.860	.236	.614	1				
	재정보조 충분성	3.28	1.008	.184	.273	.403	1			
종속 변수	외부차단성	4.31	0.532	.248	.243	.011	.203	1		
	실내외환경	4.15	0.622	.275	.265	.153	.117	.370	1	
	실내체감온도	4.11	0.705	.099	.291	.321	.216	.399	.295	1

3) 일반적 특성에 따른 측정변수의 평균차이 검정

독립변수인 패시브하우스의 인지도와 패시브하우스의 만족도에 대해 응답자의 일반적 특성을 이용하여 인식차이를 분석하였으며, 독립집단 t-test 및 분산분석을 이용하였다. 먼저 응답자의 집크기에 따른 인식차이 분석 결과 "외부차단성 만족도"에 대해 통계적으로 유의한 평균차이가 있는 것으로 나타났다. 특히 $100m^2$ 이상의 집을 소유한 응답자들의 만족도가 더 높았다.

<표 5.3> 거주 집 크기에 따른 평균차이 검정

측정변수	집단변수	평균	표준편차	t-value	p-value
패시브하우스 기능	$100m^2$미만	3.47	.94	-0.014	0.989
	$100m^2$이상	3.46	1.16		
패시브하우스 에너지 절약	$100m^2$미만	3.98	.84	0.119	0.906
	$100m^2$이상	4.00	.89		
패시브하우스 친환경성	$100m^2$미만	3.87	.87	0.061	0.952
	$100m^2$이상	3.88	.87		
패시브하우스 재정보조 충분성	$100m^2$미만	3.27	1.14	0.118	0.906
	$100m^2$이상	3.29	.87		
외부차단성 만족도	$100m^2$미만	4.17	.56	**2.592**	**0.011**
	$100m^2$이상	4.46	.47		
실내환경 만족도	$100m^2$미만	4.09	.66	0.854	0.395
	$100m^2$이상	4.20	.57		
실내체감온도 만족도	$100m^2$미만	3.99	.76	1.765	0.081
	$100m^2$이상	4.26	.63		

거주하는 인원수에 따른 인식차이 분석결과, 모든 변수에 대해 인식차이는 없는 것으로 나타났으며, 대부분 인식정도가 높았다(평균 3이상)

<표 5.4> 거주민 수에 따른 평균차이 검정

측정변수	집단변수	평균	표준편차	F-value	p-value
패시브하우스 기능	1~2명	3.56	0.99	2.975	0.057
	3~4명	3.63	1.02		
	5~6명	2.85	1.14		
	합계	3.48	1.05		
패시브하우스 에너지 절약	1~2명	4.09	0.79	1.688	0.191
	3~4명	4.05	0.84		
	5~6명	3.62	0.87		
	합계	4.00	0.83		
패시브하우스 친환경성	1~2명	3.79	0.84	0.409	0.665
	3~4명	3.95	0.87		
	5~6명	4.00	0.82		
	합계	3.89	0.85		
패시브하우스 재정보조 충분성	1~2명	3.41	1.21	0.411	0.664
	3~4명	3.24	0.88		
	5~6명	3.15	0.80		
	합계	3.29	1.01		
외부차단성 만족도	1~2명	4.35	0.50	0.223	0.801
	3~4명	4.29	0.62		
	5~6명	4.25	0.38		
	합계	4.31	0.54		
실내환경 만족도	1~2명	4.15	0.65	0.693	0.503
	3~4명	4.10	0.66		
	5~6명	4.33	0.43		
	합계	4.15	0.62		
실내체감온도 만족도	1~2명	4.00	0.81	0.923	0.401
	3~4명	4.18	0.65		
	5~6명	4.27	0.60		
	합계	4.12	0.71		

집가격에 따른 인식차이 분석결과, 모든 변수에 대해 인식차이는 없는 것으로 나타났으며, 대부분 인식정도가 높았다(평균 3이상)

<표 5.5> 집가격에 따른 평균차이 검정

측정변수	집단변수	평균	표준편차	F-value	p-value
패시브하우스 기능	30만 유로미만	3.57	1.03	0.194	0.900
	40만 유로미만	3.38	1.02		
	50만 유로미만	3.53	1.18		
	50만 유로이상	3.37	1.01		
	합계	3.46	1.04		
패시브하우스 에너지절약	30만 유로미만	4.24	0.70	0.625	0.601
	40만 유로미만	3.90	0.89		
	50만 유로미만	4.00	1.00		
	50만 유로이상	4.00	0.72		
	합계	4.04	0.82		
패시브하우스 친환경성	30만 유로미만	3.86	0.79	0.788	0.504
	40만 유로미만	3.76	1.04		
	50만 유로미만	3.88	0.70		
	50만 유로이상	4.12	0.74		
	합계	3.92	0.83		
패시브하우스 재정보조 충분성	30만 유로미만	2.95	1.16	1.831	0.148
	40만 유로미만	3.52	1.08		
	50만 유로미만	3.12	0.70		
	50만 유로이상	3.54	0.98		
	합계	3.30	1.02		
외부차단성 만족도	30만 유로미만	4.17	0.61	1.586	0.199
	40만 유로미만	4.29	0.52		
	50만 유로미만	4.24	0.46		
	50만 유로이상	4.49	0.48		
	합계	4.31	0.53		
실내환경 만족도	30만 유로미만	4.17	0.75	0.237	0.870
	40만 유로미만	4.10	0.51		
	50만 유로미만	4.08	0.66		
	50만 유로이상	4.22	0.61		
	합계	4.15	0.63		
실내체감온도 만족도	30만 유로미만	4.24	0.54	2.578	0.060
	40만 유로미만	3.88	0.88		
	50만 유로미만	3.97	0.78		
	50만 유로이상	4.40	0.53		
	합계	4.14	0.71		

연 소득에 따른 인식차이 분석결과, "외부차단성 만족도"에 대해
통계적으로 유의한 평균차이가 있는 것으로 나타났다. 특히 7만5천
유로이상의 소득집단 응답자들의 만족도가 더 높았다.

또한 "실내체감온도 만족도"에 대해서도 통계적으로 유의한 평균
차이가 있는 것으로 나타났다. 특히 7만5천 유로이상의 소득집단 응
답자들의 만족도가 더 높았다.

<표 5.6> 연소득에 따른 평균차이 검정

측정변수	집단변수	평균	표준편차	F-value	p-value
패시브하우스 기능	5만 유로미만	3.55	0.95	1.915	0.154
	7만5천 유로미만	3.24	0.99		
	7만5천 유로이상	3.77	1.19		
	합계	3.48	1.04		
패시브하우스 에너지 절약	5만 유로미만	3.97	0.73	1.536	0.221
	7만5천 유로미만	3.88	0.88		
	7만5천 유로이상	4.27	0.88		
	합계	4.01	0.84		
패시브하우스친환경성	5만 유로미만	3.76	0.87	0.971	0.383
	7만5천 유로미만	3.88	0.88		
	7만5천 유로이상	4.09	0.75		
	합계	3.89	0.85		
패시브하우스 재정보조 충분성	5만 유로미만	3.31	1.17	0.818	0.445
	7만5천 유로미만	3.15	0.99		
	7만5천 유로이상	3.50	0.80		
	합계	3.29	1.01		
외부차단성 만족도	5만 유로미만	4.16	0.58	**7.799**	**0.001**
	7만5천 유로미만	4.19	0.49		
	7만5천 유로이상	4.66	0.36		
	합계	4.30	0.54		

실내환경 만족도	5만 유로미만	4.11	0.71	2.965	0.057
	7만5천 유로미만	4.01	0.61		
	7만5천 유로이상	4.41	0.44		
	합계	4.15	0.62		
실내체감온도 만족도	5만 유로미만	4.05	0.63	**6.432**	**0.003**
	7만5천 유로미만	3.90	0.79		
	7만5천 유로이상	4.55	0.51		
	합계	4.12	0.71		

4) 패시브하우스의 인지도와 만족도 간의 관계

본 연구는 패시브하우스의 인지도가 패시브하우스의 만족에 미치는 영향관계를 알아보기 위한 것으로 이를 위해 다중회귀분석을 실시하였다. 종속변수는 "외부차단성 만족도", "실내환경만족도", "실내체감온도 만족도"이며, 독립변수는 패시브하우스의 인지도(기능, 에너지 절약, 친황경성, 재정보조 충분성)이다. 독립변수들 간 다중공선성 진단은 분상팽창지수인 VIF값으로 판정하였으며 1에 가까울수록 다중공선성은 없다고 할 수 있다.

먼저, 패시브하우스의 인지도가 실내체감온도 만족도에 미치는 영향을 분석한 결과로 F-value는 3.014 p-vlaue는 0.023으로 모형에는 문제가 없으며, 설명력인 R^2는 0.126으로 독립변수가 종속변수를 12.6% 설명한다고 할 수 있다. 다음으로 독립변수가 종속변수에 미치는 영향에서는 모든 독립변수들이 종속변수에 통계적으로 유의하지 않았다.

<표 5.7> 패시브하우스의 인지도가 실내체감온도 만족도에 미치는 영향관계

종속변수	독립변수	비표준화 계수	표준오차	표준화 계수	t-value	p-value	VIF
실내체감온도 만족도	(상수)	1.171	0.268		4.372	0.000	
	기능	-0.042	0.084	-0.063	-0.505	0.615	1.455
	에너지절약	0.153	0.126	0.186	1.220	0.226	2.187
	친환경성	0.147	0.114	0.179	1.288	0.202	1.827
	재정보조 충분성	0.073	0.079	0.105	0.926	0.357	1.206
F-value=3.014, p-value=0.023, R^2=0.128							

패시브하우스의 인지도가 실내환경 만족도에 미치는 영향을 분석한 결과로 F-value는 2.193 p-vlaue는 0.077로 다중회귀모형이 적합하지 않으며, 설명력인 R^2는 0.097으로 독립변수가 종속변수를 9.7% 설명한다고 할 수 있다. 다음으로 독립변수가 종속변수에 미치는 영향에서는 모든 독립변수들이 종속변수에 통계적으로 유의하지 않았다.

<표 5.8> 패시브하우스의 인지도가 실내환경 만족도에 미치는 영향관계

종속변수	독립변수	비표준화 계수	표준오차	표준화 계수	t-value	p-value	VIF
실내환경 만족도	(상수)	1.276	0.240		5.310	0.000	
	기능	0.110	0.075	0.184	1.452	0.150	1.455
	에너지절약	0.114	0.113	0.157	1.014	0.314	2.187
	친환경성	-0.003	0.103	-0.004	-0.031	0.976	1.827
	재정보조 충분성	0.026	0.071	0.042	0.365	0.716	1.206
F-value=2.193, p-value=0.077, R^2=0.097							

패시브하우스의 인지도가 외부차단성 만족도에 미치는 영향을 분석한 결과로 F-value는 3.377, p-vlaue는 0.013으로 모형에는 문제가 없으며, 설명력인 R^2는 0.141으로 독립변수가 종속변수를 14.1% 설명한다고 할 수 있다. 다음으로 독립변수가 종속변수에 미치는 영향에서는 "친환경성"이 외부차단성 만족도에 통계적으로 유의한 음(-)의 영향이 있다. 즉 친환경성에 대한 인지도가 높을수록 외부차단성 만족도는 감소한다.

<표 5.9> 패시브하우스의 인지도가 외부차단성 만족도에 미치는 영향관계

종속변수	독립변수	비표준화 계수	표준오차	표준화 계수	t-value	p-value	VIF
외부차단성	(상수)	1.235	0.200		6.163	0.000	
	기능	0.059	0.063	0.116	0.939	0.351	1.455
	에너지절약	0.185	0.094	0.297	1.962	0.053	2.187
	친환경성	-0.177	0.086	-0.286	-2.066	0.042	1.827
	재정보조 충분성	0.114	0.059	0.215	1.915	0.059	1.206
F-value=3.377, p-value=0.013, R^2=0.141							

5) 집크기와 소득이 외부차단성 만족도에 미치는 영향관계

본 연구는 응답자의 소유 집 크기와 소득이 외부차단성 만족도에 미치는 영향에 관한 것으로 이를 위해 다중회귀분석을 실시하였다. 종속변수는 "외피의 단열 만족도", "외피의 기밀성열 만족도", "창호의 단열 만족도", "창호의 기밀성 만족도", "열교환성 만족도", 독립변수는 응답자의 소유 집크기 및 소득이다. 독립변수들 간 다중공선성 진단은 분상팽창지수인 VIF값으로 판정하였으며 1에 가까울수록 다중공선성은 없다고 할 수 있다.

먼저, 집크기 및 소득이 외피단열의 만족도에 미치는 영향을 분석한 결과로 F-value는 0.305 p-vlaue는 0.738로 모형이 유의하지 않으며, 설명력인 R^2는 0.007으로 독립변수가 종속변수를 0.7% 설명한다고 할 수 있다. 다음으로 독립변수가 종속변수에 미치는 영향에서는 모든 독립변수들이 종속변수에 통계적으로 유의하지 않았다.

<표 5.10> 집크기 및 소득이 외피단열의 만족도에 미치는 영향관계

종속변수	독립변수	비표준화계수	표준오차	표준화계수	t-value	p-value	VIF
외피의 단열 만족도	(상수)	4.144	0.291		14.249	0.000	
	집크기	0.001	0.002	0.062	0.549	0.584	1.059
	소득	0.037	0.090	0.046	0.410	0.683	1.059
	F-value=0.305 p-value=0.738, R^2=0.007						

다음으로 집크기 및 소득이 외피 기밀성의 만족도에 미치는 영향을 분석한 결과로 F-value는 4.057 p-vlaue는 0.021로 모형이 유의하며, 설명력인 R^2는 0.090으로 독립변수가 종속변수를 9% 설명한다고 할 수 있다. 다음으로 독립변수가 종속변수에 미치는 영향에서는 모든 독립변수들이 유의수준 5%에서는 유의하지 않으나 10%에서는 유의하다. 따라서 집크기와 소득이 증가할수록 외피기밀성 만족도는 높다고 할 수 있다.

<표 5.11> 집크기 및 소득이 외피기밀성의 만족도에 미치는 영향관계

종속변수	독립변수	비표준화계수	표준오차	표준화계수	t-value	p-value	VIF
외피의 기밀성 만족도	(상수)	3.811	0.240		15.907	0.000	
	집크기	0.003	0.002	0.185	1.703	0.092	1.059
	소득	0.135	0.074	0.197	1.816	0.073	1.059
	F-value=4.057, p-value=0.021, R^2=0.090						

6) 패시브하우스의 각 기능별 만족도

거주민이 느끼는 각 항목별 만족도 조사를 해보니, 아래와 같은 결과를 얻었다. 소음차단과 햇빛의 양에 대해서 아주불만 이거나 조금불만인 사람이 1명에서 7명 정도 있었다. 그 외 항목에서는 대개 80% 이상이 패시브하우스의 기능에 만족하거나 아주만족하고 있었다. 인공조명에 대해서는 60% 정도가 만족하거나 아주 만족하고 있다.<표 5.12> 그 결과를 그림으로 나타내면 다음과 같다.

<표 5.12> 패시브하우스의 기능별 만족도

만족도	아주불만	조금불만	보통	만족	아주만족
2.1 외피의단열	-	1(1.2)	11(12.9)	30(35.3)	43(50.6)
2.2 외벽의기밀	-	1(1.2)	4(4.7)	35(41.2)	45(52.9)
2.3 소음차단	1(1.2)	6(7.1)	25(29.4)	31(36.5)	22(25.9)
2.4 햇빛의양	1(1.2)	4(4.7)	11(12.9)	20(23.5)	49(57.6)
2.5 인공조명	-	1(1.2)	30(35.3)	22(25.9)	32(37.6)
2.6 실내공기의쾌적성	-	2(2.4)	13(15.3)	42(49.4)	28(32.9)
2.7 여름체감온도	-	4(4.7)	19(22.4)	35(41.2)	27(31.8)
2.8 겨울체감온도	-	1(1.2)	14(16.5)	34(40)	36(42.4)
2.9 창호의단열	-	3(3.5)	19(22.4)	34(40)	29(34.1)
2.10 창호의기밀성	-	1(1.2)	9(10.6)	34(40)	41(48.2)
2.11 열교현상	-	-	11(12.9)	37(43.5)	37(43.5)

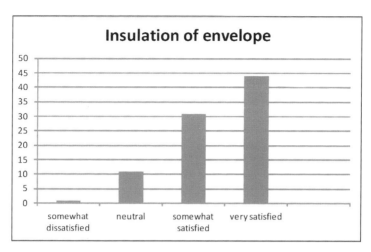

<그림 5.1> 외피의 단열

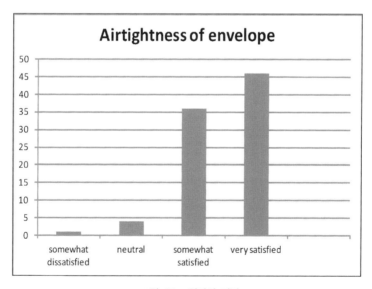

<그림 5.2> 외피의 기밀

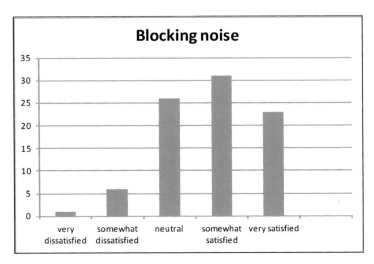

<그림 5.3> 소음차단

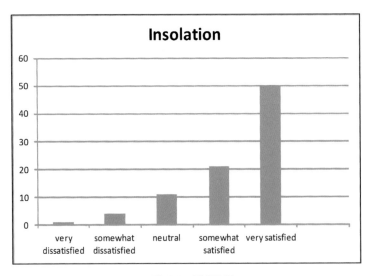

<그림 5.4> 햇빛의 양

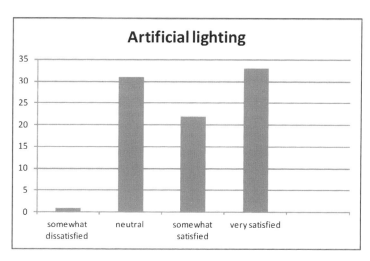

<그림 5.5> 인공조명

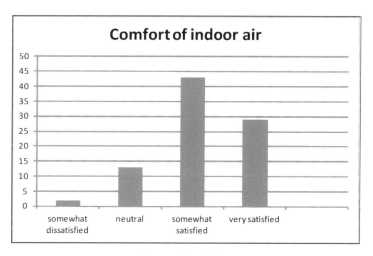

<그림 5.6> 실내공기의 쾌적성

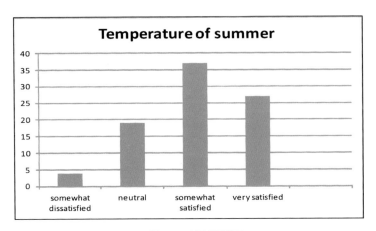

<그림 5.7> 여름체감온도

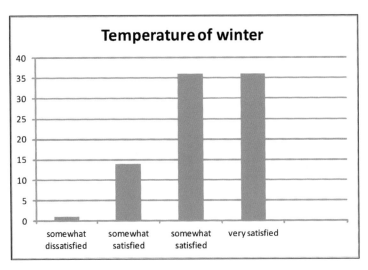

<그림 5.8> 겨울체감온도

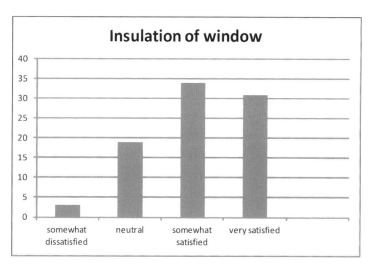

<그림 5.9> 창호의 단열

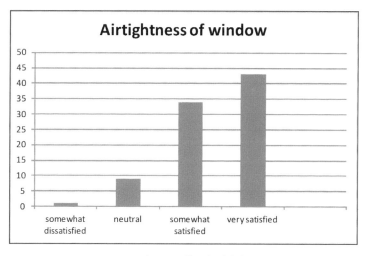

<그림 5.10> 창호의 기밀성

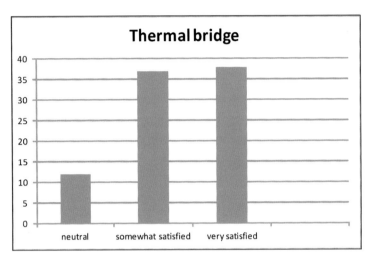

<그림 5.11> 열교현상

7) 패시브하우스에 대한 인식도

거주민들이 패시브하우스에 대한 인식에 대한 문항에는 다음 <표 5.13> 과 같이 차이가 있었다. 약 50%의 거주민이 패시브하우스 기능에 대해 잘 알고 있었고, 17.7%의 거주민들은 지금 패시브하우스에 거주하고 있으면서도 그 기능을 전혀 모르거나 모르는 상태였다. 패시브하우스가 에너지를 절약한다는 생각하는 거주민들은 약 75% 나 되었고, 친환경적이라고 생각하는 거주민들도 66% 나 되었다. 그런데 패시브하우스에 대한 재정보조에 대해 충분하다고 생각하는 거주민은 35% 정도에 머물고 있으며, 응답자의 47.1%는 보통 수준이라고 생각하고, 17.6% 의 거주민은 재정보조가 충분하지 않다고 생각하고 있었다. 그 결과를 그림으로 나타내면 다음과 같다.

<표 5.13> 독일 거주민의 패시브하우스에 대한 인식정도

인식도	전혀아님	아님	보통	맞음	아주맞음
3.1 나는패시브하우스기능을알고있다	2(2.4)	13(15.3)	28(32.9)	26(30.6)	16(18.8)
3.2 나는패시브하우스는에너지를절약 한다고생각한다.	-	4(4.7)	17(20)	38(44.7)	26(30.6)
3.3 나는패시브하우스가친환경적이다 고생각한다.	-	3(3.5)	26(30.6)	33(38.8)	23(27.1)
3.4 나는패시브하우스에대한재정보조 가충분하다고생각한다.	3(3.5)	12(14.1)	40(47.1)	17(20)	13(15.3)

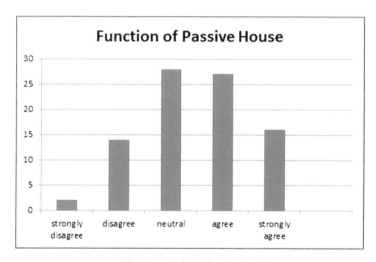

<그림 5.12> 패시브하우스의 기능인식

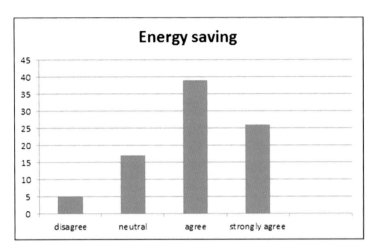

<그림 5.13> 에너지절약에 대한 인식

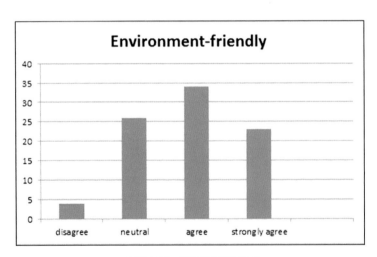

<그림 5.14> 환경친화적인 인식

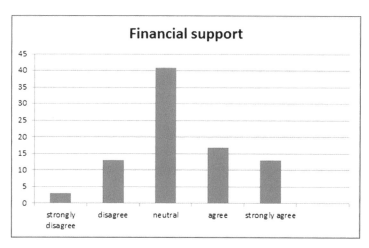

<그림 5.15> 재정보조의 만족도

5.4 소결

본 장에서는 독일 패시브하우스에서 실제 생활하는 거주민의 만
족도 측정을 위한 거주후평가(POE)를 실시하였다. 그 결과는 다음
과 같이 요약된다. 독일 패시브하우스에 실제 살고 있는 거주민들은
패시브하우스의 기능적 요소에 상당한 수준으로 70-80% 이상 만족
도를 보이는 것으로 나타났다. 따라서 패시브하우스의 기본원칙에
해당하는 단열, 기밀, 창호, 환기, 열교해소에 대해서 만족하였으며,
소음차단, 햇빛의 양, 인공조명, 여름과 겨울의 체감온도와 같은 기
능에 대해서도 만족도가 높게 나왔다.

'패시브하우스의 기능을 알고 있다', '패시브하우스는 에너지를
절약한다', '패시브하우스는 친환경적이다' 라는 문항에 대해서도

50-70%의 높은 인식 정도를 보여주고 있다. 다만, '재정보조가 충분하다'고 생각하지는 않는 것같다. 47.1%가 보통에 답을 하였고, 3.5%는 전혀 동의하지않음, 12%는 동의하지않음에 답한 반면, 재정보조가 충분하다고 생각하는 사람은 35.3%에 불과하였다. 거주민들은 대체적으로 패시브하우스의 기능도 잘 알고 있으며, 패시브하우스가 에너지도 절약하고, 친환경적이다라고 생각하고 있었다.

이상과 같이 거주민의 높은 만족도와 인식의 정도는 패시브하우스의 기능들이 성공적으로 적용되었다는 것을 의미한다. 다음 장에서는 이렇게 거주민의 만족도가 높은 패시브하우스의 기술적 핵심 성공요인을 도출해보기로 한다.

제 6 장

독일 패시브하우스의 기술적 핵심성공요인 (CSFs)

본 연구에서는 유럽지역의 패시브하우스 관련 문헌 연구, 패시브 하우스 사례분석, 독일 패시브하우스 전문가 인터뷰를 실시하여 패시브하우스의 성공적 적용을 위한 기술적 측면의 CSFs를 도출하고자 한다.

6.1 문헌 분석을 통한 기술적 CSFs 추출

패시브하우스는 독일을 중심으로 유럽지역에서 활발히 연구되고 있으며, 대부분의 연구들이 패시브 구현을 위한 기술적 부분에 초점을 맞추고 있다. 본 절에서는 1차에 15건, 2차에 21건에 해당하는 유럽지역 패시브 하우스에 대한 문헌 분석을 통하여 기술적 CSFs의 대항목(Level 1)에 해당하는 카테고리를 추출하였다.

6.1.1 1차 문헌분석 결과

15개 연구문헌 분석결과 사용자 만족도, 사회적 설계, 소비자 재정, 경제성과 같은 사회정책적 항목을 제외한 대부분의 내용들이 기술적 항목인 에너지 효율성, 고단열성, 쾌적성, 기밀성, 냉난방 등에 관한 것으로 나타났다.

<표 6.1> 유럽지역의 패시브하우스 관련 1차 문헌 검토 키워드 추출결과

Division	Topic	Reference Information	Keyword
1	Re-inventing air heating: convenient and comfortable within the frame of the Passive House concept	Wolfgang Feist et. al., Energy and Buildings 37 (2005) 1186-1203	Low energy building, Air heating system, Ventilation system, Thermal comfort
2	CEPHEUS results: measurements and occupants' satisfaction provide evidence for Passive Houses being an option for sustainable building	Jurgen Schnieders et. al., Energy Policy 34 (2006) 151-171	Superinsulation, market success, Energy efficiency in buildings, User satisfaction, combining efficient heat recovery with supplementary supply air heating, Airtightness,
3	Thermal and environmental assessment of a passive building equipped with an earth-to-air heat exchanger in France	Stephane Thiers, et. al., Solar Energy 82 (2008) 820-831	thermal simulation, Earth-to-air heat exchanger, ventilation system, Soil thermal model, Energy consumption and comfort
4	The U,K. Applicability Study: an Evaluation of Thermal Simulation Programs for Passive Solar House Design	Kevin j. Lomas, Building and Environment, Vol.31.No.3.197-206 ,1996	heating energy demand against the window area, window type, window orientation

5	Economic analysis of passive houses and low-energy houses compared with standard houses	A. Audenaert et. al., Energy Policy 35 (2008) 47-55	Cost-benefit analysis, reduce GHG emission, a comfortable indoor climate during summer and winter without needing any conventional heating or cooling system
6	Passive Housing-a sustainable answer to mainstream user needs?	Alexander G. Keul, Architecture Civil Engineering Environment No.2/2012 13-20	Technology mediation, Social design, Ventilation, Overheating, Air quality, Diffusion of innovations
7	End-user experiences in nearly zero-energy houses	E. Mlecnik, et. al., Energy and Buildings 49(2012) 471-478	comfort, user experiences, End-user satisfaction, heating, Mechanical ventilation, Indoor air quality, summer comfort
8	Environmental and economic performance of heating systems for energy-efficient dwellings: Case of passive and low-energy single-family houses	L. Georges, et. al., Energy Policy 40 (2012) 452-464	Heating systems, Cost-bnefit analysis, well-insulated envelopes, Insulation strategies
9	Barriers and opporunities for labels for highly energy-efficient houses	Erwin Mlecnik, et. al., Energy Policy 38 (2010) 4592-4603	energy efficiency, use of PHPP, market infrastructure, consumer finance, CO_2 emissions
10	cooling strategies, summer comfort and energy performance of a rehabilitated passive standard office buildings	Ursula Eicker, Applied Energy 87 (2010) 2031-2039	Earth heat exchanger, summer building performance, The room air relative humidity has an important influence on summer thermal comfort. Mechanical ventilation, horizontal earth-brine-air heat exchanger
11	Enhanced energy conservation in houses through high performance design	J. Smeds, et al., Energy and Buildings 39 (2007) 273-278	Thermal insulation, Air tightness of building envelope, Balanced ventilation, heat exchanger, window area, shading devices, Integrative project planning, Upgrading heating systems, Airtight building envelopes

			comfort cooling, Phase change material, building envelope-external wall, internal wall, Internal floors, Roofs, External floor, Glazing, Outer door-, Thermal bridges-Edge beam, Wall corner, Windows and doors, wall/joists, ventilation-Air leakage, Mechanical ventilation, Efficiency of heat exchanger,
12	Phase change material cool storage for a Swedish Passive House	Johnnes Persson et al., Energy and Buildings 54 (2012) 490-495	
13	Temperature and humidity profiles in passive-house building blocks	Jana Mlakar, et al., Building and Environment 60 (2013) 185-193	Building materials, Temperature, Relative humidity, Living environment, Durability, Vapor retarder, Humidity control system, Gymsum board, Cellulose insulation, Wind barrier, windows
14	Renewable energy for passive house heating Model of the active solar heating system	Viorel Badescu, et al., Energy and Buildings 38 (2006) 129-141	Active solar system, Domestic hot water preparation, Space heating, air heating system
15	Passive cooling systems for cement-based roofs	Jorge L. Alvarado, et al., Building and Environment 44 (2009) 1869-1875	Passive cooling, Metal reflector, Insulation, Cement-based roof, Heat flux reduction, material selection

추출된 키워드에 대하여 유사항목을 그룹핑한 결과 그림과 같이 14개 기술적 성공요인과 4개의 사회정책적 요인이 추출되었다.

<그림 6.1> 1차 문헌분석을 통한 성공요인 도출 결과

6.1.2 2차 분석 결과

21개 연구문헌 분석결과 인간 행동, 재정적 문제, 비용-편익 분석의 3가지 사회정책적 항목을 제외한 대부분의 내용들이 기술적 항목인 기밀성, 열교, 단열성, 쾌적성, 창호 시스템, 환기 시스템, 냉난방, 부위별 적용기술 등에 관한 것으로 나타났다.

<표 6.2> 유럽지역의 패시브하우스 관련 2차 문헌 검토 키워드 추출결과

Division	Topic	Reference Information	Keyword
1	Passive cooling dissipation techniques for buildings and other structures	Matteos Santamouris et al., Energy and Buildings 57 (2013) 74-94	Heat dissipation, Ground cooling, Evaporative cooling, Ventilative cooling, earth to air heat exchangers, Night ventilation, Ventilation effectiveness

2	Energy-efficient houses built according to the energy performance requirements introduced in Denmark in 2006	H. Tommerup et.al., Energy and Buildings 39 (2007) 1123-1130	Heat loss coefficients - exterior wall, slab on ground, roof construction, windows, Thermal bridge - Foundation, window reveal, Air tightness of building envelope
3	Design and performance of energy-efficient solar residential house in Andorra	Jordi Llovera et.al.,Applied Energy 88 (2011) 1343-1353	solar energy, Thermal comfort, Space heating, Thermal transmittance - External wall, Roof, Windows with aluminium frame and double glazing, solar radiation
4	A performance comparison of passive and low-energy buildings	Ardeshir Mahdavi, et.al., Energy and Buildings 42 (2010) 1314-1319	Insulation, Windows, Ventilation system, CO_2 emissions,
5	Thermal monitoring and indoor temperature predictions in a passive solar building in an arid environment	Eduardo Krueger, et.al., Building and Environment 43 (2008) 1792-1804	Thermal comfort conditions, effect of shading and insulating shutters, effect of ventilation, Cooling demand in summer
6	Renewable energy for passive house heating Part I. Building description	Viorel Badescu, et al., Energy and Buildings 35 (2003) 1077-1084	Energy efficiency, Renewable energy, high thermal inertia-walls, roof, floor- Windows, Doors, Ventilation, heating system
7	Influence of window size on the energy balance of low energy houses	Mari-Louise Persson, et.al., Energy and Buildings 38 (2008) 181-188	Energy efficient window, Low energy window, window size, shading
8	Impacts of occupant behaviours on residential heating consumption for detached houses in a temperate climate in the northern part of Europe	Tatiana de Meester, et.al., Energy and Buildings 57 (2013) 313-323	Thermal simulation, Thermal comfort, insulation, Human behaviour
9	Solar versus Green: The Analysis of a Norwegian Row House	B.N. Winther, et.al., Solar Energy Vol.66, No.6, 387-393,1999	wall, slab on grade, floor, roof, window, Insulation level, solar energy, ventilation, Material

10	In search of better energy performance in the Portuguese buildings- The case of the Portuguese regulation	Joaquim Ferreira, et.al., Energy Policy, 39 (2011) 7666-7683	Heating, Cooling, Primary energy, ventilation, Interior comfort temperature in winter, and summer, interior and exterior thermal insulation, better glazing systems, shading elements, Light colored exterior walls, Trombe wall
11	Zero energy balance and zero on-site CO_2 emission housing development in the Mediterranean climate	A. Ferrante, et.al., Energy and Buildings 43 (2011) 2002-2010	hybrid controlled ventilation system, energy balance, ventilated roof, insulation, material
12	Energy use in the life cycle of conventional and low-energy buildings: a review article	I. Sartori, et.al., Energy and Buildings 39 (2007) 249-257	Operating energy, Embodied energy, Solar house, Primary energy,
13	Building energy-efficiency standards in a life cycle primary energy perspective	Ambrose Dodoo, et.al., Energy and Buildings 43 (2011) 1589-1597	Life cycle primary energy, Electric heating, District heating, material, ventilation
14	Investigation of energy performance of newly built low-energy buildings in Sweden	Andreas Molin, et.al., Energy and Buildings 43(2011) 2822-2831	super-insulation, ventilation unit, ventilation heat recovery efficiency, window, airtightness, Geographical situation, wall, roof,
15	On the proper integration of wood stoves in passive house: investigation using detailed dynamic simulations	Laurent Georges, et.al., Energy and Buildings, 20-12-2012 Accepted Manuscript	Renewable energy integration, stove, weather conditions, Thermal comfort
16	Energy-efficient terrace houses in Sweden Simulations and measurements	Maria Wall, et.al., Energy and Buildings 38 (2006) 627-634	ventilation, space heating, Domestic hot water supply, Exterior wall, roof, ground floor, windows, door, window type, occupancy

17	Life cycle assessment of a single-family residence built to either conventional-or passive house standard	oddbjorn Dahlstrom, et.al., Energy and Buildings 54 (2012) 470-479	solar hot water heating, outer walls, windows and doors, roof, material, ground floor, Thermal bridge, Heat exchanger efficiency, ventilation, air leakage,
18	EKF based self-adaptive thermal model for a passive house	Samuel F. Fux, et.al., Energy and Buildings 2012	ventilation, heating and cooling load,
19	Life cycle primary energy implication of retrofitting a wood-framed apartment building to passive house standard	Amborse Dodoo, et.al., Resource, Conservation and Recycling 54 (2010) 1152-1160	Primary energy Heat supply system, roof, windows, doors, External walls, heat recovery
20	The potential and need for energy saving in standard family detached and semi-detached wooden houses in arctic Greenland	S.P. Bjarlov, et.al., Building and Environment 46 (2011) 1525-1536	Thermal insulation, CO_2 emission, wall, Roof, Floor, window, door
21	Financial viability of energy-efficiency measures in a new detached house design in Finland	Arto, et.al., Applied Energy 92 (2012) 76-83	thermal envelope External walls, roof, floor, External doors, windows Airtightness, air change, ventilation air heating, Financial calculations, heat pump

추출된 키워드에 대하여 유사항목을 그룹핑한 결과 그림과 같이 14개 기술적 성공요인과 3개의 사회정책적 요인이 추출되었다.

사회정책적 요인

| 인간 행동 | 재정적 문제 | 비용·편익 분석 |

기술적 요인

기밀성	단열성	열교	부위별 기술	신재생 에너지
냉난방	쾌적성	창호 시스템	환기 시스템	히팅 시스템
에너지 비용	탄소저감	창호 시스템	에너지 균형	

<그림 6.2> 2차 문헌분석을 통한 성공요인 도출 결과

6.1.3 결과의 고찰

1차 및 2차 문헌연구 분석결과를 종합하여 <표 6.3>과 같이 17가지 기술적 성공요인을 도출하였으며, 이를 기술부위에 따라 정리하였다. 그 결과 패시브하우스 전체와 설비 부분에 영향을 미치는 요인들이 가장 많은 비중을 차지하였다.

구 분	기술적 성공요인	기술 부위
1	단열성	외피
2	기밀성	접합부
3	환기 시스템	환기
4	공기 순환	전체
5	에너지 효율성(에너지 균형)	전체
6	통합 관리	전체
7	냉난방	설비
8	열원	설비
9	창호시스템	창호
10	공기질	내부 전체
11	열교	접합부
12	에너지 비용	전체
13	신재생 에너지	기술유형별 적용
14	부위별 기술(벽, 바닥 등)	벽, 바닥, 접합부
15	히팅 시스템	설비
16	탄소저감	전체
17	주거환경	위치

6.2 해외 사례분석을 통한 기술적 핵심성공요인 도출

본 연구에서는 실제 패시브하우스 건설과정에서 요구되는 중요 성공요인 도출을 위하여 사례자료를 분석하였다. 사례자료는 <표 6.4>와 같으며, 유럽과 미국에서 적용된 패시브하우스 사례에 관한 내용이다. 그 중 패시브하우스 신축사례가 3건, 리모델링 1건, 2건은 유럽 패시브하우스 재료 및 시스템 특성과 해양기후에서의 패시브 하우스 성능사례에 관한 내용이었다.

구 분	프로젝트명	사례 프로젝트	사례출처
1	Commercial Passive House Project		Peter Reppe, "Commercial Passive "House" Buildings in Europe: Materials, Systems, Insights", Passive House Northwest, Fall 2011 Conference Seattle, WA
2	Passive House Office Building		Dylan Lamar, et.al., "Progress towards America's First Passive House Office Building", PHnw Conference 2011, green hammer
3	Passive House Project		Black Bird Builders, "The Courtland Place Passive Project", PHnw Conference Sept 16, 2011
4	Passiv Haus Project		REACH, "he Orchards at Orenco Passiv Haus Project", Community Development
5	Glasswood Project		Sam Hagerman, "Glasswood Project-Glasswood Office, commercial Passive House Retrofit", owner Hammer and Han Inc.
6	Passive House Performance Case		Luke Howard, "Passive House Performance in a Marine Climate", Washington State University, Extention Energy Program

각 사례별 적용 기술에 따른 주요 성공 요인 도출결과는 <표 6.5>
와 같으며, 히팅, 환기, 창호를 비롯해 시설물 단열 및 기밀에 영향
을 미치는 부분이 높은 비중을 차지하였다.

<표 6.5> 사례분석을 통한 기술적 핵심성공요인 도출 결과

구 분	사례 프로젝트 적용 기술	주요 성공 요인
Case 1	Envelope(wall, roof, floor, windows, doors), Lighting and plug loads, Materials, Airtightness, Heat recovery ventilation, cooling, Exterior and interior insulation	- 부위별 적용기술 - 공간별 기밀성 - 열회수 장치 - 환기 시스템
Case 2	Envelope, Window, Door, Summer Conditioning, Heating and Ventilation, Foam under footings, Wall, Roof	- 히팅 및 환기 계획 - 접합부 시공기술 - 지붕 시스템
Case 3	Ground(completely thermally isolated), Thermal bridge, Envelope(wall, roof,) Windows, Moisture Management, Insulation etc.	- 단열 성능 - 자재 조달 - 정밀 시공(시공성) - 팀 협력 디자인 - 재료 적용성 검토
Case 4	Air tight construction, Shading devices, Thermal mass, Heat pump space heating, High efficiency water heating, lighting and appliances, Slab, Wall, Roof, Windows, improved comfort	- 환기 최적화 - 배기 시스템 - 온도 밸런스 - 설비 시스템 유용성
Case 5	Wall assembly, Air-barrier, Windows, Glass performance, Lighting, Mechanical, Cost,j Insulation,	- 창호 성능 - 히트 펌프 - 설비 시스템
Case 6	Envelope(Wall, rool, slab, Glazing), Infiltration, Ventilation, Heating and Domestic Hot Water, Interior Comfort, Heat Recovery, Relative Humidity,	- 냉난방 시스템 - 계절별 온도 밸런스 - 열 회수율 - 히팅 시스템

6.3 전문가 인터뷰를 통한 기술적 핵심성공요인 도출

본 절에서는 패시브하우스의 기술적 핵심성공요인을 도출하기 위하여 독일 패시브하우스 전문가를 대상으로 인터뷰를 실시하였다.

6.3.1 전문가 인터뷰 개요

기술적 핵심성공요인 도출을 위하여 전문가 인터뷰에 참여한 전문가는 15인이었다. 15인 모두 패시브하우스의 원천기술을 보유하고 있는 독일의 전문가이며, 전문가 구성은 그림과 같다.

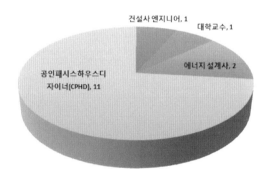

<그림 6.3> 전문가 인터뷰 참가자 개요

전문가 인터뷰는 독일 현지에서 4가지 질문내용에 대하여 진행되었으며, 1차적으로 인터뷰 개요와 질문내용을 설명한 후 전문가들이 작성한 후 서면으로 수신하는 방법으로 하였다.

주요 내용은 각 분야 전문가들이 판단하는 패시브하우스의 건설 과정에서 발생 가능한 핵심 관리 요인에 관한 것이었다.

6.3.2 요인 도출 결과

독일 패시브하우스 전문가 인터뷰를 통하여 <표 6.6>와 같이 17
가지 기술적 성공요인을 도출하였으며, 이를 기술부위에 따라 정리
하였다. 그 결과 문헌분석 결과와 같이 패시브하우스 전체와 설비
부분에 영향을 미치는 요인들이 가장 많은 비중을 차지하였다.

<표 6.6> 패시브하우스 전문가 인터뷰를 통한 기술적 핵심성공요인 도출 결과

구 분	기술적 성공요인	부위
1	설비시스템의 경제성	설비
2	설비시스템의 단순성	설비
3	설비시스템의 수용성	설비
4	환기 시스템	환기
5	에너지 비용	전체
6	냉난방 부하	설비
7	에너지 밸런스	전체
8	설계시공 연계성	전체
9	단열성	외피
10	단열재료	외피
11	설계 품질	전체
12	시공 품질	전체
13	공종 간 협력	전체
14	학제적 협력	전체
15	엔지니어 전문성	전체
16	생태성	위치
17	시설물 가치	전체
18	일조	위치
19	지속성	전체
20	계절간 온도 밸런스	내부공간

6.4 결과의 고찰

본 연구에서는 앞서 문헌연구와 사례분석, 독일 패시브하우스 전문가 인터뷰를 실시하여 패시브하우스를 성공적으로 구현하기 위한 기술적 핵심성공요인(CSFs)을 도출하였다. 그리고 도출된 CSFs를 적용범위와 목적을 기준으로 분류하기 위하여 패시브하우스 관련 전문가인 건축사 1인, 설비 기술사 1인, 박사 연구자 1인, 석사 연구자 2인이 Workshop을 수행하였으며, 그 결과는 <표 6.7>과 같다.

<표 6.7> 기술적 핵심성공요인의 적용 범위와 목적에 따른 분류 결과

구 분	기술적 성공요인	적용 범위	목적
1	단열성	외부(외피)	단열 성능 확보
2	기밀성	외부(외피), 내부	기밀 성능 확보
3	환기 시스템	설비(내부) 공간	쾌적성 확보
4	공기 순환	설비(내부) 공간	쾌적성 확보
5	에너지 효율성(에너지 균형)	내부	경제성 확보
6	통합 관리	내·외부	설계와 시공의 경제성 확보
7	냉난방	설비(내부) 공간	쾌적성
8	열원	설비(내·외부)	경제성
9	창호시스템	외부	경제성
10	공기질	내부	쾌적성
11	열교	외부 경계부	경제성, 쾌적성
12	에너지 비용	내부 전체	경제성
13	신재생 에너지	외부	유지관리성
14	부위별 기술(벽, 바닥 등)	내·외부	시공성
15	히팅 시스템	내부	유지관리성
16	탄소저감	내·외부	유지관리성, 경제성
17	주거환경	외부(위치)	쾌적성
18	설비시스템의 경제성	설비(내부)	에너지 효율성, 경제성
19	설비시스템의 단순성	설비(내부)	경제성, 유지관리성

20	설비시스템의 수용성	설비(내부)	유지관리성, 수용성
21	환기 시스템	설비(내부)	쾌적성 확보
22	에너지 비용	내부	경제성
23	냉난방 부하	설비(내부)	쾌적성
24	에너지 밸런스	내부	에너지 효율성
25	설계시공 연계성	내·외부	시공성, 유지관리성, 내구성
26	단열성	외부(외피)	단열성능 확보
27	단열재료	외부(외피)	단열성능 확보
28	설계 품질	내·외부	쾌적성, 유지관리성
29	시공 품질	내·외부	쾌적성, 유지관리성
30	공종 간 협력	내·외부	시공성, 경제성
31	학제적 협력	내·외부	기술성
32	엔지니어 전문성	내·외부	기술성
33	생태성	외부(위치)	쾌적성
34	시설물 가치	내·외부	경제성
35	일조	외부	경제성, 유지관리성
36	지속성	내·외부	유지관리성
37	계절간 온도 밸런스	외부	유지관리성

6.5 기술적 핵심성공요인 분류 및 중요도 분석

6.5.1 기술적 핵심성공요인 분류

본 연구에서는 앞서 추출한 기술적 성공요인들의 중요도 분석을 위해 유사항목을 기준으로 그룹화하여 계층구조화 하고자 한다.

6.5.1.1 분류기준 설정

패시브하우스는 외부로의 에너지 손실을 최소화하는 것을 목적으로 한다. 따라서 이러한 목적을 달성하기 위해서는 에너지 유출을 최소화할 수 있는 외피 시스템, 설비 시스템, 건설과정에서의 체계적 관리 시스템이 요구된다. 이에 본 연구에서는 도출된 기술적 성공요인들의 분류기준을 패시브하우스 내부적 요인, 외부적 요인, 건설관리적 요인으로 구분하고자 한다.<그림 6.4>

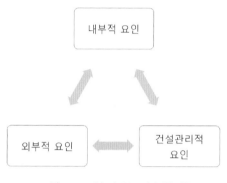

<그림 6.4> 기술적 CSFs의 분류기준

1) 내부적 요인

내부적 요인은 온도유지를 통한 에너지 보존, 환기 등과 같이 패시브 하우스 내부에 영향을 미치는 기술적 요인을 의미한다.

2) 외부적 요인

외부적 요인은 외피와 관련되어 있는 단열 및 기밀 재료와 같이 패시브하우스 외부에 영향을 미치는 기술적 요인을 의미한다.

3) 건설관리적 요인

건설관리적 요인은 건설과정에서 요구되는 시공관리적 부분과 에너지 관련기술, 유지관리 단계에서 요구되는 운영관리적 요인을 의미한다.

6.5.1.2 요인별 분류

앞서 설정된 분류기준에 따라 내부적 요인, 외부적 요인, 건설관리적 요인으로 구분하여 추출된 기술적 핵심성공요인을 분류하고자 한다.

1) 내부적 요인

내부적 요인은 요인 분류결과 환기 시스템, 에너지 비용, 요소 기술 등 8가지 요인이 도출되었다.

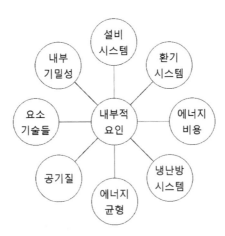

<그림 6.5> 패시브하우스 기술적 CSFs의
내부적 요인

2) 외부적 요인

외부적 요인은 요인 분류결과 단열성, 계절간 온도 균형, 창호 시스템 등 11가지 요인이 도출되었다.

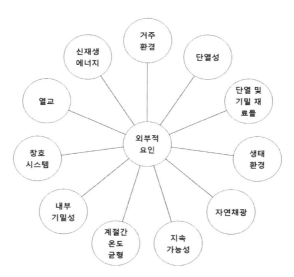

<그림 6.6> 패시브하우스 기술적 CSFs의 외부적 요인

3) 건설관리적 요인

건설관리적 요인은 요인 분류결과 설계와 시공의 연계성, 각 분야 협력체계, 통합관리 등 11가지 요인이 도출되었다.

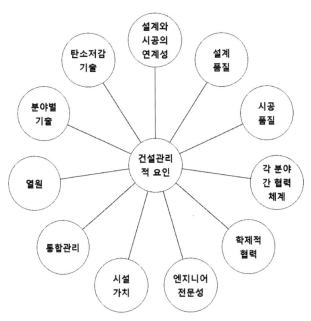

<그림 6.7> 패시브하우스 기술적 CSFs의 건설관리적 요인

6.5.1.3 요인 분류체계 구축

추출된 패시브하우스 기술적 핵심성공요인의 분류기준에 따라 계층구조화한 분류체계를 구축하였다. 요인별 분류명칭은 내부적 요인은 Internal Factor (IF), 외부적 요인은 External Factor (EF), 건설관리적 요인은 Construction Management Factor (CMF)로 하였다.<그림 6.8>

Level 2

설비 시스템(IF-CSF1)
환기 시스템(IF-CSF2)
에너지 비용(IF-CSF3)
냉난방 시스템(IF-CSF4)
에너지 균형(IF-CSF5)
공기질(IF-CSF6)
요소 기술들(IF-CSF7)
내부 기밀성(IF-CSF8)

단열성(EF-CSF1)
단열 및 기밀 재료들(EF-CSF2)
생태 환경(EF-CSF3)
자연채광(EF-CSF4)
지속가능성(EF-CSF5)
계절 간 온도 균형(EF-CSF6)
내부 기밀성(EF-CSF7)
창호 시스템(EF-CSF8)
열교(EF-CSF9)
신재생 에너지(EF-CSF10)
거주 환경(EF-CSF11)

설계와 시공의 연계성(CMF-CSF1)
설계품질(CMF-CSF2)
시공 품질(CMF-CSF3)
각 분야간 협력체계(CMF-CSF4)
학제적 협력(CMF-CSF5)
엔지니어 전문성(CMF-CSF6)
시설 가치(CMF-CSF7)
통합관리(CMF-CSF8)
열원(CMF-CSF9)
분야별 기술(CMF-CSF10)
탄소저감 기술(CMF-CSF11)

Level 1

패시브 하우스
내부적 요인

패시브 하우스
외부적 요인

패스브 하우스
건설관리적 요인

Level 0

패시브 하우스
기술적 핵심 성공
요인

<그림 6.8> 패시브하우스 기술적 CSFs의 계층구조 설정

6.5.2 요인별 중요도 분석

6.5.2.1 전문가 설문조사

설문조사는 추출된 독일 패시브하우스 기술적 성공 요인에 대하여 리커트 5점 척도로 중요도를 산정하도록 구성하였다.

<표 6.8> 전문가 설문조사 개요

구 분	내 용
설문 기간	2014년 12월 20 - 2015년 1월 20
설문 대상	- 공인 패시브 하우스 디자이너 25 - PH 엔지니어 5
설문 목적	독일 패시브 하우스 기술적 성공 요인에 대한 중요도 분석

6.5.2.2 설문조사지 구성

설문조사지 구성은 <표 6.9>(Level 1), <표 6.10>(Level 2)과 같다.

<표 6.9> Level 1에 대한 전문가 설문조사지의 구성

Division	Level 1	Importance Criterions				
		1	2	3	4	5
1	Passive House Internal Factors					
.	.					

<표 6.10> Level 2에 대한 전문가 설문조사지의 구성

Division	Level 1	Level 2	Importance Criterions				
			1	2	3	4	5
1	Passive House Internal Factors	Equipment System (IF-CSF1)					
		Ventilation System (IF-CSF2)					
		Energy Cost (IF-CSF3)					
		Cooling and Heating System (IF-CSF4)					
		Energy Balance (IF-CSF5)					
		Air Quality (IF-CSF6)					
		Component Technology (IF-CSF7)					
		Internal Airtightness (IF-CSF8)					

6.5.2.3 전문가 설문조사 결과

Level 1의 3가지 범주와 Level 2에 대한 전문가 설문조사를 통한 중요도 분석결과를 정리한 내용은 다음과 같다.

1) Level 1에 대한 중요도 분석결과

Level 1에 대한 중요도 분석결과 모든 범주의 요인들이 중요도가 높게 나타났으며, 그 중 패시브하우스 외부적 요인들의 중요도가 4.32로 가장 높게 나타났다.

<표 6.11> Level 1에 대한 전문가 설문조사 결과

Division	Level 1	Geometric Mean	Rank
1	Passive House Internal Factors	4.16	3
2	Passive House External Factors	4.32	1
3	Passive House Construction Management Factors	4.19	2

2) Level 2 패시브 하우스 내부적 요인들에 대한 중요도 분석 결과

내부 요인들에 대한 중요도 분석결과 전체적으로 중요도는 높았으며, 그 환기시스템(4.68), 에너지 균형(4.39)의 순으로 나타났다.

<표 6.12> Level 2 내부적 요인들에 대한 전문가 설문조사 결과

Level 1	Level 2	Geometric Mean	Rank
Passive House Internal Factors	Equipment System (IF-CSF1)	3.39	7
	Ventilation System (IF-CSF2)	4.68	1
	Energy Cost (IF-CSF3)	2.90	8
	Cooling and Heating System (IF-CSF4)	3.53	5

Passive House Internal Factors	Energy Balance (IF-CSF5)	4.39	2
	Air Quality (IF-CSF6)	3.77	4
	Component Technology (IF-CSF7)	3.45	6
	Internal Airtightness (IF-CSF8)	3.98	3

3) Level 2 패시브 하우스 외부적 요인들에 대한 중요도 분석 결과

외부적 요인들에 대한 중요도 분석결과 항목별 중요도 편차가 심한 것으로 나타났으며, 그 중 상위 4개 항목인 열교(4.89), 창호 시스템(4.78), 기밀성(4.68), 단열성(4.35)의 중요도가 매우 높게 나타났다.

<표 6.13> Level 2 외부적 요인들에 대한 전문가 설문조사 결과

Level 1	Level 2	Geometric Mean	Rank
Passive House External Factors	Insulation (EF-CSF1)	4.35	4
	Insulation and Airtightness Materials (EF-CSF2)	3.45	7
	Ecology (EF-CSF3)	2.31	11
	Sunshine (EF-CSF4)	3.59	5
	Sustainability (EF-CSF5)	2.71	8
	Temperature Balance between Season (EF-CSF6)	2.63	9
	Airtightness (EF-CSF7)	4.68	3
	Windows System (EF-CSF8)	4.78	2
	Thermal bridges (EF-CSF9)	4.89	1
	Renewable Energy (EF-CSF10)	2.58	10
	Housing Environment (EF-CSF11)	3.54	6

4) Level 2 패시브 하우스 건설관리적 요인들에 대한 중요도
   분석결과

건설관리적 요인에 대한 중요도 분석결과 하위 2개 요인을 제외
하고 요인별 편차가 크지 않았으며, 그 중 시공품질(4.65), 학제적
협력(4.44), 각 분야간 협력체계(4.25)의 순으로 중요도가 높게 나타
나 전문기술 외에 시공과정에서 요구되는 관리적 요인의 비중이 높
은 것에 기인한 것으로 판단된다.

<표 6.14> Level 2 건설관리적 요인들에 대한 전문가 설문조사 결과

Level 1	Level 2	Geometric Mean	Rank
Passive House Construction Management Factors	Interface of Design and Construction (CMF-CSF1)	3.25	7
	Design Quality (CMF -CSF2)	3.74	5
	Construction Quality (CMF -CSF3)	4.65	1
	Cooperation between Each Field (CMF -CSF4)	4.25	3
	Interdisciplinary Collaboration (CMF -CSF5)	4.44	2
	Engineer Expertise (CMF -CSF6)	3.84	4
	Facilities Value (CMF -CSF7)	3.24	8
	Integrated Management (CMF -CSF8)	3.49	6
	Heat Source (CMF -CSF9)	3.24	8
	Component Technology (CMF -CSF10)	2.81	10
	Carbon Reduction Technologies (CMF -CSF11)	1.97	11

8) Level 2 전체항목에 대한 중요도 분석결과

전체 요인에 대한 중요도 순위는 전체 29가지 항목 중 내부적 요
인들에 해당하는 열교, 창호 시스템, 기밀성의 순으로 나타났으며,
건설관리적 요인들의 중요도가 전반적으로 높게 나타났다.

Level 1	Level 2	Geometric Mean	Rank
Passive House Internal Factors	Equipment System (IF-CSF1)	3.39	19
	Ventilation System (IF-CSF2)	4.68	3
	Energy Cost (IF-CSF3)	2.90	23
	Cooling and Heating System (IF-CSF4)	3.53	16
	Energy Balance (IF-CSF5)	4.39	7
	Air Quality (IF-CSF6)	3.77	12
	Component Technology (IF-CSF7)	3.45	17
	Internal Airtightness (IF-CSF8)	3.98	10
Passive House External Factors	Insulation (EF-CSF1)	4.35	8
	Insulation and Airtightness Materials (EF-CSF2)	3.45	17
	Ecology (EF-CSF3)	2.31	28
	Sunshine (EF-CSF4)	3.59	14
	Sustainability (EF-CSF5)	2.71	25
	Temperature Balance between Season (EF-CSF6)	2.63	26
	Airtightness (EF-CSF7)	4.68	3
	Windows System (EF-CSF8)	4.78	2
	Thermal bridges (EF-CSF9)	4.89	1
	Renewable Energy (EF-CSF10)	2.58	27
	Housing Environment (EF-CSF11)	3.54	15
Passive House Construction Management Factors	Interface of Design and Construction (CMF-CSF1)	3.25	20
	Design Quality (CMF -CSF2)	3.74	13
	Construction Quality (CMF -CSF3)	4.65	5
	Cooperation between Each Field (CMF -CSF4)	4.25	9
	Interdisciplinary Collaboration (CMF -CSF5)	4.44	6
	Engineer Expertise (CMF -CSF6)	3.84	11
	Facilities Value (CMF -CSF7)	3.24	21
	Integrated Management (CMF -CSF8)	3.49	16
	Heat Source (CMF -CSF9)	3.24	21
	Component Technology (CMF -CSF10)	2.81	24
	Carbon Reduction Technologies (CMF -CSF11)	1.97	29

6.5.2.4 전문가 설문조사 결과의 고찰

본 장에서는 국내에 패시브하우스를 성공적으로 구현하기 위해서
요구되는 기술적 핵심성공요인을 유럽지역의 패시브하우스의 기술
관련 문헌 분석, 해외 사례 분석, 해외 전문가 인터뷰를 통하여 추출
하였다. 그 결과 다양한 기술적 핵심성공요인들이 추출되었으며, 이
를 목적, 범위, 부위 등의 기준에 따라 분류하였다. 그리고 그 결과
를 종합하여 추출된 요인들을 내부적 요인, 외부적 요인, 건설관리
적 요인이라는 3가지 분류기준에 따라 계층구조화 하였다. 그 결과
<Fig. 4.8>과 같이 대분류(Level 1) 항목에서는 편차가 거의 없이 중
요도가 높게 나타났으며, 건설관리적 요인(4.45), 외부적 요인(4.24),
내부적 요인(4.16)의 순으로 나타났다. 다음으로 중분류(Level 2) 항
목에서는 <Fig. 4.9>과 같이 요인별 편차가 크게 나타났으며, 창호
시스템, 기밀성, 단열성, 열교와 같은 시공품질, 기술적 요인, 학제적
협력, 각 분야간 협력체계와 같은 건설관리적 요인들의 중요도도 높
게 나타났다.

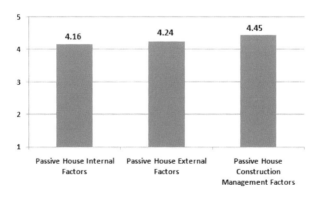

<그림 6.9> 대분류(Level 1)항목에 대한 중요도 순위

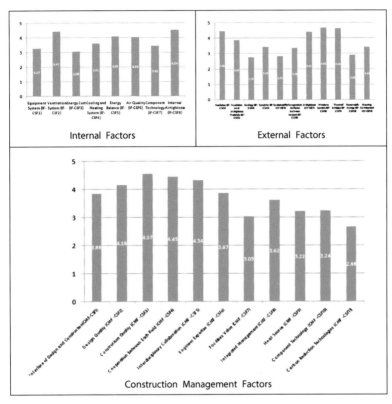

<그림 6.10> 중분류(Level 2) 항목에 대한 중요도 순위

이상에서 도출한 핵심성공요인들을 PHPP[73]의 인증 요소들과 비교해보았다. <Table 4.16>과 같이 패시브하우스의 내부적 요인, 외부적 요인들의 중분류의 요인들과는 거의 일치하고, 건설관리적 요인들과는 일부 일치하지 않는 요인들이 있다. 이는 PHPP 의 인증요소들이 대부분 성능측정을 위한 것들이므로 기술적 요인들인 내부

---

73) Passive House Planning Package 의 약자인데, 패시브하우스 품질을 인증받기 위한 에너지 밸런스와 패시브하우스 설계 도구이다. 엑셀을 기반으로 디자인과 구성요소를 최적화할 수 있도록 한다.

적, 외부적 요인들과 일치하지만 공종간의 협력, 엔지니어의 전문성 등과 같은 건설관리적 요인들은 정성적 성격이므로 일치하지 않는 새로운 아이템인 것으로 나타났다.

<표 6.16> 패시브하우스 인증요소 비교

Level 1	Level 2	PHPP	Remarks
Passive House Internal Factors	Equipment System (IF-CSF1)	Window/Door frames	Including item
	Ventilation System (IF-CSF2)	Ventilation system	Matching item
		Heat recovery efficiency	
	Energy Cost (IF-CSF3)	Heating demand/ Electricity	Including item
	Cooling and Heating System (IF-CSF4)	Heating/Cooling	Matching item
		Summer comfort	
	Energy Balance (IF-CSF5)	Boiler	Including item
	Air Quality (IF-CSF6)	Ventilation system	Including item
	Component Technology (IF-CSF7)	Components	Matching item
	Internal Airtightness (IF-CSF8)	Airtightness	Matching item
Passive House External Factors	Insulation (EF-CSF1)	Insulation	Matching item
		Insulation materials	
	Insulation and Airtightness Materials (EF-CSF2)	Insulation materials	Matching item
	Ecology (EF-CSF3)	Primary energy factors	Including item
		CO_2emission	
	Sunshine (EF-CSF4)	Shade	Including item
	Sustainability (EF-CSF5)	CO_2emission	Including item
	Temperature Balance between Season (EF-CSF6)	Cooling/Heating	Similar item
		Design indoor temperature	
	Airtightness (EF-CSF7)	Airtightness	Matching item
	Windows System (EF-CSF8)	Windows	Matching item
	Thermal bridges (EF-CSF9)	Thermal brideges	Matching item
	Renewable Energy (EF-CSF10)	Solar DHW	Similar item
	Housing Environment (EF-CSF11)	Climate Data	Including item

	Interface of Design and Construction(CMF-CSF1)	-	New item
	Design Quality (CMF -CSF2)	Design indoor temperature	Similar item
	Construction Quality (CMF -CSF3)	-	New item
	Cooperation between Each Field (CMF -CSF4)	-	New item
	Interdisciplinary Collaboration (CMF -CSF5)	-	New item
	Engineer Expertise (CMF -CSF6)	-	New item
Passive House Construction Management Factors	Facilities Value (CMF -CSF7)	Heat recovery efficiency	Including item
		Energy performance indicator of the heat generator	
		Ventilation system	
	Integrated Management (CMF -CSF8)	Building service supply systems	Similar item
	Heat Source (CMF -CSF9)	Heat generator	Similar item
		Heat Storage	
	Component Technology (CMF -CSF10)	Insulation materials	Including item
		U-Value of opaque building components and windows and doors	
	Carbon Reduction Technologies (CMF -CSF11)	CO_2emission	Including item

제 7 장

VE 기능분석을 통한 패시브하우스(PH) 성능평가기준

가치공학은 기능을 향상시키고 비용을 절감할 수 있는 합리적 대안을 창출하는 과학적 접근방법이다. 본 연구에서는 앞서 도출된 패시브하우스의 기술적 핵심성공요인을 효과적으로 활용하기 위하여 가치공학의 기능분석을 활용한 성능평가 기준을 구축하고자 한다. 구축절차는 <그림 7.1>과 같이 도출된 패시브 하우스 평가 요소에 대한 기능을 정의 및 분류하고 이를 논리적으로 규명하는 FAST Diagram을 작성하여 구체화하고 기능평가를 통해 성능평가 요소를 추출한다. 그리고 추출된 평가요인들을 정의하고 PH 성능평가지를 작성한다.

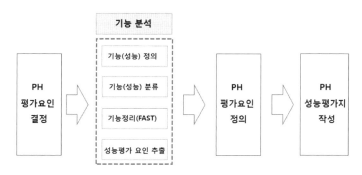

<그림 7.1> VE 기능분석을 통한 PH 성능평가 기준 구축 프로세스

7.1 대상의 선정

도출된 패시브 하우스 기술적 핵심 성공요인은 내부적 요인, 외부적 요인, 건설관리적 요인으로 구분되었다. 먼저 <그림 7.2>와 같이 내부와 외부적 기술적 CSFs는 단열성, 기밀성, 쾌적성, 에너지 효율성에 관련된 요인들이었다. 이상의 요인들은 패시브 하우스에서 누락되어서는 안 되는 핵심적 부분으로 모든 요인들이 유기적으로 연계되어 있다.

<그림 7.2> 기술적 핵심성공요인과 패시브하우스 시스템

그리고 건설관리적 요인들은 통합관리, 분야별 협력을 통한 업무추진 등과 같이 시공관리적인 측면이다. 이에 본 연구에서는 기능분석의 대상을 모든 핵심성공요인들을 반영할 수 있는 PH 시스템 전체로 하였으며, Group 1(내부), Group 2(외부), Group 3(설비 시스템), Group 4(관리)로 구분하였다.

7.2 기능분석(Function Analysis)

　기능분석은 가치공학의 핵심적인 업무이며, 기능정의-기능분류-기능정리(FAST Diagram)-기능평가의 순서로 진행된다. 그 목적은 대상이 지니고 있는 속성을 체계적으로 분석하는 것이며, 이를 통해 기존 제품이나 서비스에 대한 다각적 접근이 가능하며, 비용과 기능(성능)을 개선할 수 있는 새로운 아이디어를 생성할 수 있는 가치개선 영역을 발굴할 수 있다. 특히, 본 연구에서 활용하고자 하는 FAST Diagram은 How?와 Why?라는 논리적 관계를 규명하여 사고를 다변화할 수 있다.

　본 연구에서는 기능분석을 체계적으로 실시하기 위하여 VE 전문가를 대상으로 Workshop을 실시하였다. 기능분석 Workshop 개요는 <표 7.1>과 같다.

<표 7.1> 기능분석 Workshop 개요

Division	Contents
Period	5th January 2015 ~ 6th January 2015
Participants	- Certified Value Specialist (CVS) 1 - Registered Architect 1 - Building Professional Engineer 1 - Mechanical Professional Engineer 1 - Mechanical Engineer 3 - VE Coordinator 2
Method	- Systematic functional analysis(Function Definition and Classification, FAST Diagram, Functional Evaluation) about the each critical success factors for G1(Internal), G2(External), G3(Construction Management), G4(Equipment System) - Perform function analysis in terms of technical critical success factors

1) 기능정의 및 분류

기능정의는 명사 + 동사의 방식으로 그 대상이 지니고 있는 속성을 기능적 측면에서 고찰하는 것이다. 여기서 명사는 정량적으로 계량화 가능하며, 동사는 행위를 나타내는 동적인 표현이 가능하기 때문이다. <표 7.1>은 PH 시스템에 대한 기능정의 및 분류한 결과이다.

<표 7.2> PH 시스템 기능정의 및 분류

대 상	기 능 정 의		기 능 분 류			비 고
	명 사	동 사	최상위기능	주기능	부기능	
PH 시스템	단열성을	확보한다			●	
	창호성능을	최적화한다			●	
	실내 쾌적성을	확보한다	●			
	유지관리성을	증진한다			●	
	열을	전달한다			●	
	온도를	조절한다		●		
	기능성을	반영한다			●	
	PH설계를	최적화한다			●	

2) 기능정의(FAST Diagram)

기능정의 및 분류된 결과에 대하여 How?와 Why?의 논리적 관계에 따라 규명한 결과는 <그림 7.3>과 같다.

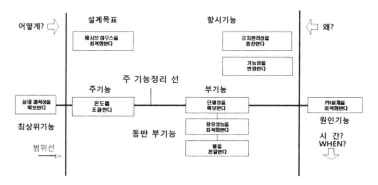

<그림 7.3> PH 시스템에 대한 FAST Diagram 작성 결과

3) 기능평가

기능정의 및 분류된 결과에 대하여 How?와 Why?의 논리적 관계에 따라 규명한 결과는 <표 7.3>와 같다.

<표 7.3> PH 시스템 기능평가

대 상	기 능 정 의	기능 평가(평균)					채택 유무
		1점	2점	3점	4점	5점	
PH 시스템	단열성을 확보한다 (F1)					●	채택
	창호성능을 최적화한다 (F2)				●		채택
	실내 쾌적성을 확보한다 (F3)					●	채택
	유지관리성을 증진한다 (F4)				●		채택
	열을 전달한다 (F5)				●		채택
	온도를 조절한다 (F6)					●	채택
	기능성을 반영한다 (F7)				●		채택
	PH설계를 최적화한다 (F8)					●	채택

7.3 성능평가 기준 : 품질모델 구축

품질모델(Quality Model)은 평가요소인 발주자 및 사용자의 성능에 대한 요구 및 기대를 파악한 후 관련 전문가들의 Workshop을 통하여 적절한 대응수준을 결정하는 것이다. 대응수준은 집중적 개선이 요구되는 적극적 대응수준과 현재 요구 및 기대가 충족되고 있는 소극적 대응수준으로 구분한다. 이상과 같이 결정된 사항은 품질모델 다이어그램으로 표현되며, 이는 패시브하우스가 성능적으로 만족하는지 평가척도로도 활용 가능하다. 본 연구에서는 품질모델 성능평가 지표를 도출하기 위하여 기능평가 결과 선정된 핵심기능에 대하여 관련 전문가를 대상으로 VE Workshop을 실시하였다. VE Workshop 개요는 <표 7.4>과 같다.

<표 7.4> VE Workshop 개요

구 분	내 용
수행 기간	2015년 1월 19일~1월 20일
참여 전문가	- 건축사 2인 - CVS 1인 - 건축기계설비기술사 1인 - 설비분야 기술자 2인 - 관련분야 연구원 2인
수행 방법	기능분석 결과를 설명하고 이에 대한 요구 기술 및 핵심 성능평가 지표 도출

VE Workshop 수행결과 도출된 VE 기능에 대한 요구 기술 및 핵심 성능평가 지표는 <표 7.5>와 같다.

<표 7.5> VE Workshop을 통한 성능평가 지표 도출 결과

구 분	핵심 기능	요구 기술	핵심 성능평가 지표
1	단열성	외피 단열성 확보 단열재료 적정성	고단열성 시공성
2	창호	고성능 창호 시스템 고기밀성 확보 기능성 창문 구조 열관류율	창호 성능 기밀 성능 내풍압성
3	실내 쾌적성	환기 구조 열교환 환기시스템	열교 차단 환기 시스템 소음 차단
4	유지관리성	고기밀성 재료 고단열 재료 설비 시스템	재료 성능 설비 성능 에너지 효율성
5	열 전달	정밀시공(창호, 외피) 고성능 재료	열전달력 재료 성능
6	온도 조절	온도유지 기술 단열 및 기밀 재료	온도조절 능력 에너지 회수율 열손실 계수
7	기능성	고성능 창호 환기 성능 구조 시스템 재료 특성	재료 성능 환기 시스템 창호 성능

성능평가 지표에 따른 품질모델 작성결과는 <그림 7.4>와 같다.

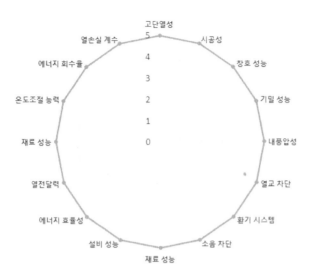

<그림 7.4> 품질모델 구축

　이상의 품질모델(Quality Model)을 패시브 하우스에 활용하기 위하여 성능지표 평가 테이블을 <표 7.5>와 같이 작성하였다. 평가 테이블은 중요도와 만족도를 리커트 5점 척도로 산정한 후 이를 종합하여 적합여부를 결정하며, 적합 판정기준은 다음과 같다.

1) 20점 이상 : 매우 적합
2) 16점 이상 : 적합
3) 12점 이상 : 보완 요구
4) 12점 이하 : 부적합

<표 7.6> 성능지표 평가 테이블

구 분	성능평가 지표 (Performance Indicator)	중요도(I)					만족도(S)					I*S	적합 여부
		1점	2점	3점	4점	5점	1점	2점	3점	4점	5점		
PH-PI01	고단열성												
PH-PI02	시공성												
PH-PI03	창호 성능												
PH-PI04	기밀 성능												
PH-PI05	내풍압성												
PH-PI06	열교 차단												
PH-PI07	환기 시스템												
PH-PI08	소음 차단												
PH-PI09	재료 성능												
PH-PI10	설비 성능												
PH-PI11	에너지 효율성												
PH-PI12	열전달력												
PH-PI13	특수부위 시공정밀도												
PH-PI14	온도조절 능력												
PH-PI15	에너지 회수율												
PH-PI16	열손실 계수												

성능평가 지표 선정 예시 및 그에 따른 품질모델 구축결과는 <표 7.7> 및 <그림 7.5>와 같다.

<표 7.7> 성능지표의 예

Division	PI	I	D	I*D	Choice
PH-PI01	Super insulation	5	5	25	●
PH-PI02	Constructability	5	4	20	●
PH-PI03	Window Performance	5	4	20	●
PH-PI04	Airtightness Performance	4	5	20	●
PH-PI05	Wind Resistance	3	4	12	

PH-PI06	Thermal bridges block	5	5	25	●
PH-PI07	Ventilation System	5	4	20	●
PH-PI08	Noise block	3	4	12	
PH-PI09	Material performance	4	4	16	●
PH-PI10	Equipment performance	5	3	15	
PH-PI11	Energy effectiveness	5	4	20	●
PH-PI12	Heat transfer capability	5	3	15	
PH-PI13	Special areas precision construction	5	3	15	
PH-PI14	Temperature control capability	4	5	20	●
PH-PI15	Energy recovery ratio	4	5	20	●
PH-PI16	Heat loss coefficient	5	3	15	

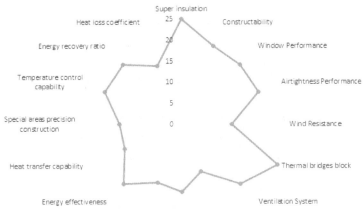

<그림 7.5> 품질모델 결과

7.4 성능평가 테이블의 활용성 검정

본 연구에서는 앞서 제시한 성능평가 테이블의 국내 패시브하우스 설계 및 건설과정에 활용성을 검정하기 위하여 국내 CPHD (Certified Passive House Designer)에게 설문조사를 실시하였으며, 그 개요는 <표 7.8>와 같다.

<표 7.8> 국내 CPHD 설문조사 개요

Division	Contents
Period	29th June 2015~10th July 2015
Participants	Certified Passive House Designer 17
Method	Investigation for suitability and evaluation standard of the evaluation items

그 결과 성능평가 항목의 적합성은 <Fig. 4.14>와 같이 전체 17명 중 65%인 11명이 적합하다고 하였다. 그리고 적합하지 않다고 지적한 CPHD들도 전반적으로 항목들의 적합성은 있지만 이 테이블로만 성능평가를 하는 것은 무리가 있다고 지적하였다.

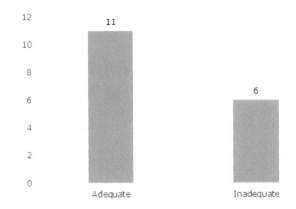

<그림 7.6> 성능평가항목의 적합성

다음으로 평가기준인 중요도와 난이도에 대한 적합성은 <그림 7.7>와 같이 전체 17명 중 71%인 12명이 적합하다고 하였다.

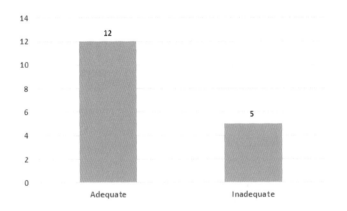

<그림 7.7> 평가기준의 적합성

이상과 같이 본 연구에서 제시한 성능평가 테이블은 패시브하우스 전문가인 CPHD들이 전반적으로 긍정적 평가를 함으로써 패시브하우스의 설계 및 건설과정에서 활용도가 있을 것으로 기대된다.

7.5 소결

본 장에서는 이상과 같이 문헌 분석, 사례 분석, 전문가 인터뷰를 통하여 독일 패시브하우스의 기술적 핵심성공요인들을 도출하여 내부적 요인, 외부적 요인, 건설관리적 요인으로 구분하여 분류하였다. 그리고 이에 대하여 유럽의 패시브하우스 전문가 설문조사를 실시하였다. 그 결과 대분류 항목인 내부적, 외부적, 건설관리적 항목들에서는 편차가 거의 없이 중요도가 높게 나타났다. 그리고 중분류 항목의 경우 열교, 창호 시스템, 기밀성과 같은 기술적 부분과 관련된 요인들과 학제적 협력, 각 분야간 협력체계와 같은 관리적 요인들의 중요도가 높게 나타났다.

이상의 결과를 종합해볼 때, 패시브하우스의 성공적 구현을 위해서는 기술적 요인들을 기반으로 하는 엔지니어링 측면과 시공과정을 체계적으로 관리하는 건설관리적 측면이 접목되어야만 가능한 것으로 판단된다.

또한 이와 같이 도출된 패시브하우스 기술적 핵심성공요인들을 효과적으로 적용하여 패시브하우스의 성공적인 건립을 지원하기 위한 활용방안을 제안하였다. 이는 가치공학(Value Engineering)의 핵심부분인 기능분석(Function Analysis)과 품질모델을 활용한 방법으

로 전문가 워크샵을 통한 기능정의 및 분류-기능정리(FAST Diagram)-
기능평가를 통하여 성능평가 지표를 선정한 후, 이를 적용할 수 있
는 품질모델을 구축하였다. 먼저 기능정의 및 분류는 내부, 외부, 건
설관리적 요인에 설비시스템을 추가하여 4가지 대상을 선정하여 실
시하였다. 그리고 이를 논리적으로 규명하기 위해 FAST Diagram을
작성해 구체화한 후 기능평가를 실시하여 성능평가 기준을 추출하
였다.

다음으로 추출된 기준을 토대로 관련 전문가들의 Workshop을 실
시하여 품질모델 성능평가 지표를 도출하였다. 그 결과 16가지 성능
평가 지표들이 도출되었으며, 이를 리커트 5점 척도에 따라 중요도
와 난이도를 기준으로 산정하도록 하였다. 그리고 패시브하우스 프
로젝트에 따라 성능지표의 선정여부를 판단할 수 있는 판정기준을
제시하였다. 이 같은 방법은 패시브하우스의 성공적 적용여부를 효
과적으로 관리할 수 있는 기준 및 체계를 제공할 것으로 기대된다.

제 8 장

결 론

본 연구는 지속가능한 발전 개념과 기후변화에 대응하기 위한 독일 에너지 정책의 실천과정과 현황을 살펴보았다. 독일 에너지 정책의 방향은 에너지 효율성을 제고하고 재생에너지의 경쟁력을 확보하는데 주력하고 있다. 이를 실현하기 위하여 에너지 절감을 위한 다양한 실천방법 중에 건축물에 사용되는 에너지를 줄이기 위하여 기존의 건물과 새로 건설하는 건물에 저에너지 사용을 권장하는 지원정책을 시행하고 있다. 그 중에서 패시브하우스는 기존 건물보다 에너지 소비를 70% 이상 절약해주는 공법으로 건축된다.

현재 독일에서는 패시브하우스가 상당히 보급되고 있다. 에너지 절약을 건설현장에서 구현하고 있는 패시브하우스의 성공적인 보급 배경을 알아보기 위해 독일 패시브하우스에 대한 거주후평가(POE)를 실시하였고, 거주민의 패시브하우스의 기능에 대한 높은 만족도를 보이는 결과를 토대로 패시브하우스의 기술적 핵심성공요인(CSFs)를 도출해보았다.

그 결과로는 첫째, 패시브하우스에 대한 거주민의 기능적인 측면에서 만족도는 7-90%의 높은 조사결과가 나왔으며, 패시브하우스에 대한 인식 조사에서도 거주민이 패시브하우스 기능을 잘 숙지하고 있으며, 패시브하우스가 에너지를 절약하면서 친환경적이라는 인식에 있어서도 50-70%의 높은 결과가 나왔다. 다만, 재정보조에 대해서는 보통의 수준에 이르는 것으로 조사결과가 나왔다.

둘째, 패시브하우스에 대한 거주민의 높은 만족도와 인식이 패시브하우스 보급을 성공적으로 이끌고 있다고 판단되어, 패시브하우스의 기술적 핵심성공요인을 도출해보았다. 문헌 분석, 사례 분석, 유럽지역 패시브하우스 전문가 인터뷰를 통하여 기술적 핵심성공요인을 도출하였고, 이를 적용하기 위한 범위와 목적을 제시하기 위하여 국내 패시브하우스 관련 전문가를 대상으로 Workshop을 수행하여 35개의 기술적 핵심성공요인의 적용범위와 목적에 따라 분류를 하였다.

셋째, 이렇게 추출한 기술적 핵심성공요인들의 중요도 분석을 위하여 유사항목을 기준으로 그룹화하여 계층구조화 하였다. 즉, 패시브하우스의 내부적 요인, 외부적 요인, 건설관리적 요인으로 구분하여 대분류, 중분류로 계층구조를 설정하였다. 이렇게 설정된 계층구조를 근간으로 설문지를 작성하였고, 패시브하우스의 기술적 핵심성공요인들에 대한 중요도 분석을 위하여 독일 공인 패시브하우스 디자인들을 대상으로 설문조사를 실시하였다. 그 결과는 대분류(Level 1) 항목에서는 편차가 거의 없이 중요도가 높게 나타났으며, 건설관리적 요인(4.45), 외부적 요인(4.24), 내부적 요인(4.16)의 순으로 나타났다. 다음으로 중분류(Level 2) 항목에서는 요인별 편차가 크게 나타났으며, 창호 시스템, 기밀성, 단열성, 열교와 같은 기술적 부분과 관련된 요인들과 시공품질, 기술적 요인, 학제적 협력, 각 분야간 협력체계와 같은 건설관리적 요인들의 중요도도 높게 나타났다. 따라서 패시브하우스의 성공적 구현을 위해서는 기술적 요인들을 기반으로 하는 엔지니어링 측면과 시공과정을 체계적으로 관리하는 건설관리적 측면이 접목되어야 좋은 결과를 얻을 수 있을 것이다.

넷째, 이렇게 도출된 패시브하우스의 기술적 핵심성공요인들을 효과적으로 적용하여 패시브하우스의 성공적인 건립을 지원하기 위한 활용방안을 제안하였다. 이는 가치공학(Value Engineering)의 핵심부분인 기능분석(Function Analysis)과 품질모델을 활용한 방법으로 전문가 워크샵을 통한 기능정의 및 분류-기능정리(FAST Diagram)-기능평가를 통하여 성능평가 지표를 선정한 후, 이를 적용할 수 있는 품질모델을 구축하였다.

본 연구는 기후변화와 지속가능한 발전의 개념을 기반으로 한 독일의 에너지 정책이 건설현장에서 패시브하우스로 구현되었고, 패시브하우스의 성공적인 보급이 이루어 진 배경에는 기술적 핵심성공요인들이 엔지니어링 측면과 시공과정에서 조화롭게 적용되었다는 것을 독일 현지 조사와 실증분석을 통해 확인하였다. 그리고 본 연구의 결과는 한국의 패시브하우스 도입과 한국의 에너지 정책 및 실천에 많은 시사점을 줄 수 있을 것으로 기대된다.

참고문헌

박진희, 「독일 탈핵정책의 역사적 전개와 그 시사점」, 『역사비평』통권 98
　　호, 2012.

안경환, 「거주후평가(POE)의 제개념과 발전과정」, 『대한건축학회지』 34 권
　　2호 통권153호, 1990년3월, pp.47-51.

오성은, 「독일 재생에너지 법제의 최근 동향: 2012년 재생에너지법(EEG)을
　　중심으로」, 『경제규제와 법』제6권 제2호, 2013.

이성주, 『독일 탈원전 선언 이후 에너지정책 추진현황』KETEP Issue Paper
　　2013-03호, 한국에너지기술평가원, 2013.

이재호, 「독일에서 배우는 탈원전과 신재생에너지」, Journal of the Electric
　　World / Monthly Magazine, 2013.

최균호, 「독일의 재생에너지 활용 현황과 전망 그리고 시사점」, 『독일언어
　　문학』 제57집, 2013.

한국무역협회 국제무역연구원, 「'한·미·일 제조업! 에너지 생존게임에서
　　승자는?」, Trade Brief, No. 52, 2014.

세계법제정보센터, 「유럽연합(EU), 건물에너지성능 효용성에 관한 지침의
　　내용 및 배경에 관한 연구보고서」, http://world.moleg.go.kr/World/
　　WesternEurope/EU/report/26019 (2014년 11월 1일 검색).

송형주, 「치킨게임이 돼가는 독일 태양광산업」, https://www.globalwindow.
　　org/gw/overmarket/GWOMAL020M.html?BBS_ID=10&MENU_CD=
　　M10103&UPPER_MENU_CD=M10102&MENU_STEP=3&ARTICL
　　E_ID=5001585 (2014년 11월 7일 검색).

연합뉴스, 「독일 보쉬, 태양광에너지 사업 손 뗀다」, http://www.yonhapnews.
　　co.kr/ international/2013/03/23/0606000000AKR20130323042400009.
　　HTML. (2014년 11월 7일 검색).

주독일대사관, 「독일 에너지 연구개발(R&D) 전략서」, http://deu.mofa.go.kr/
　　webmodule/htsboard/template/read/korboardread.jsp?typeID=15&boardi
　　d=13866&seqno=960420&c=&t=&pagenum=1&tableName=TYPE_LE
　　GATION&pc=&dc=&wc=&lu=&vu=&iu=&du= (2014년 11월 1일
　　검색).

한겨레신문, 「독일 에너지 효율도 세계 1위」, http://www.hani.co.kr/arti/economy/it/649282.html (2014년 11월 7일 검색).

DuDu China, 「세계 최대 태양광 기업 중(中)의 썬텍 결국 파산," http://duduchina. co.kr/?p=68181. (2014년 11월 7일 검색).

Solar Today, 「한화그룹, 독일 태양광 회사 큐셀 인수," http://www.solartodaymag. com/wsr/wsr_view.asp?idx=1284&part_code=01&page=21(2014년11월7일 검색).

Bernasconi-Osterwalder, Nathalie and Rhea Tamara Hoffmann, 2012. "The German Nuclear Phase-Out Put to the Test in International Investment Arbitration? Background to the new dispute Vattenfall v. Germany (II)," Briefing Note (International Institute for Sustainable Development, June 2012).

BMU based on an analysis by the German Wind Energy Institute (DEWI).

Brüderle, Rainer. 2011. "The best energy is the energy we don't consume," The Security of Europe's Energy Supply: Continuous Adaptation, (ed.) Laurent Ulmann, Paris: European Commission, 2011.

Bundesministerium für Umwelt, Naturschutz, Bau und Reaktorsicherheit, 2002. "Gesetz zur geordneten Beendigung der Kernenergienutzung zur gewerblichen Erzeugung von Elektrizität," Berlin: Bundesgesetzblatt 2002.

Bundesministerium für Wirtschaft und Technologie, Forschung für eine umweltschonende, zuverlässige und bezahlbare Energieversorgung - Das 6. Energieforschungsprogramm, Berlin: BMWi, 2011.

Bundesministerium für Wirtschaft und Technologie, "Energieforschung und Innovationen, - 6. Energieforschungsprogramm," http://www.bmwi.de/DE/Themen/Energie/Energieforschung-und-Innovationen/6-energieforschungsprogramm.html (2014년 11월 1일 검색).

Ethics Commission for a Safe Energy Supply, "Germany's energy transition - A collective project for the future," http://www.bundesregierung.de/Content/DE/_Anlagen/2011/05/2011-05-30-abschlussbericht-ethikkommission_en.pdf?__blob=publicationFile (2014년 7월 21일 검색).

European Commission Eurostat, 2013. Europe in figures Eurostat yearbook 2013, Luxembourg: Publications Office of the European Union, 2013.

Independent, representative survey of 100 heating technicians by EUPD-
Research, commissioned by BSW-Solar, www.solarwirtschaft.de/
preisindexAverage (2014년 11월 1일 검색).

International Energy Agency(IEA), 2013. Energy Policies of IEA Countries –
Germany 2013 Review, Paris: OECD, 2013.

IEA, "Germany: Balances for 2012," http://www.iea.org/statistics/statisticssearch/
report/?year=2012&country=GERMANY&product=Balances(2014년10
월21일검색).

IEA/OECD, 2012. "Energy Balances of OECD Countries," 2012 and
National Accounts of OECD Countries, Paris: OECD, 2012.

Kraemer, R. Andreas, "Security through Energy Policy: Germany's Strategy in
Context," http://www.ecologic.eu/4031 (2014년 8월 10일 검색).

Noorden, R. Van, "The knock-on effects of Germany's nuclear phase-out.
Nature," Nature June 2011, http://www.nature.com/news/2011/110603/
full/news.2011.348.html (2014년 7월 21일 검색).

Simens, "Germany's new energy policy – A complex puzzle," http://www.
siemens. com/press/pool/de/feature/2012/corporate/2012-03-
energiewende/energiewende-e.pdf.

Statistisches Bundesamt, "Gross electricity production in Germany from 2011
to 2013," https://www.destatis.de/EN/FactsFigures/EconomicSectors/
Energy/Production/Tables/GrossElectricityProduction.html (2014년 10
월 21일 검색).

Bae. S. H. et. al., (2013). "A Study on the Heating Energy Performance
Evaluation of Greenhome Pilot Project under Inhabited Condition",
Journal of SAREK 2013 Conference Proceeding, pp. 26~27.

Cha. J. H., (2013). "Consideration for Passive House Design standards",
Journal of KIAEBS Vol. 7, No. 1, pp. 38~47

Cho, H. N. et. al. (2013). "Design Team Incentives for Energy Efficient
Building Integrated Design in America", *KOREA INSTITUTE OF
ECOLOGICAL ARCHITECTURE AND ENVIRONMENT 2013
Conference Proceeding*, pp. 32~33.

Cho. J. K. et. al., (2009). "A Pilot Project on the Integrated System Design
for Developing the Sustainable Housing Model", *Journal of SAREK*

2009 Conference Proceeding, pp. 1049～1054

Cho. J. K. et. al., (2007). "A Study on The System Design Strategies for Sustainable Housing", *Journal of SAREK 2007 Conference Proceeding*, pp.857～862

Cho. J. K. et. al., (2010). "Viability of a Sustainable Housing Pilot Project and the Integrated System Design", *Journal of SAREK 2010 Conference Proceeding*, pp. 517～522.

Cho. J. S. et. al., (2011). "PASSIVE HOUSE DESIGN For Sustainable Energy Use", *Journal of KIAEBS*, 2011 Conference Proceeding, pp. 31～47.

Cho, K. M. et. al. (2011). "An Analysis of the Building Energy Demand of Rural House and Passive type House - An Analysis of the Airtightness and Window system Performance according to using PHPP", *Journal of KOREA INSTITUTE OF ECOLOGICAL ARCHITECTURE AND EVIRONMENT*, V. 11 No.4, pp. 113～120

Choi. J. M., (2012). "Each Structure Construction System and Removed Thermal Bridges Detail in Passive House", *Journal of KIAEBS*, Architectural Environmental Facilities, Vol.6 No.3 | 2012, pp. 13～18.

Chu, S. Y. et. al., (2014). "A Study on the Thermal-bridge-free Construction Details of the Thermal Envelope for a Passive House using Heat Transfer Simulation", *Journal of AIK*, Vol. 30 No. 5, pp. 85～96

Ham, J. W et. al., (2007). "Elicitation of low energy house design elements through analysis on ecological architecture", *KOREA INSTITUTE OF ECOLOGICAL ARCHITECTURE AND ENVIRONMENT 2007 Conference Proceeding*, pp. 223～228

Hwang. B. H. et. al., (2009). "Pilot Project Landscape Planning for Sustainable Housing", *KOREA INSTITUTE OF ECOLOGICAL ARCHITECTURE AND ENVIRONMENT 2009 Conference Proceeding*, pp. 125～130.

Hwang. H. J. et. al., (2010). "A Study of the Construction and Evaluation Monitoring System of Sustainable Pilot Project", *Journal of SAREK 2010 Conference Proceeding*, pp. 170～175

Hong. D. Y., Passive House Design and Construction Detail, Housing

Culture, 2012.

Jang, B. K. et. al., (2010). "Deduction of Architectural Implication through Case Analysis of Foreign and Domestic Passive Houses", *Journal of AIK 2010 Conference Proceeding*, pp. 67~68

Jeong, S. M et. al., (2010). "A Case Study on the Construction Technology for Korean-type Plus Energy House suitable for Passive House Standards", *KOREA INSTITUTE OF ECOLOGICAL ARCHITECTURE AND EVIRONMENT*, 2010 Conference Proceeding, pp. 317~320

Jeong, S. M et. al., (2011). "A Case Study on the Design principle and Construction Technology applied in Passive House for Korean-type Plus Energy House", *KOREA INSTITUTE OF ECOLOGICAL ARCHITECTURE AND EVIRONMENT*, 2011 Conference Proceeding, pp. 91~95

Jeong, S. M et. al., (2013). "A Study on the Green Technology Optimization of Detached House by Regional Climates for Korean-type Passive House", *KOREA INSTITUTE OF ECOLOGICAL ARCHITECTURE AND EVIRONMENT*, 2013 Conference Proceeding, pp. 82~83

Jin. P. H. et. al., (2009). "A Study of the Monitering System for the Evaluation of Sustainable Pilot Project", *Journal of SAREK 2009 Conference Proceeding*, pp. 158~163

Jo. J. H., (2012). "CPHD Education Course / airtightness and measurement method, Architectural Environmental Facilities", *Journal of KIAEBS*, Vol.6 No.3, pp. 23~26.

Kwak. M. S. et. al., (2009). "A Case Study of the Energy Saving Building and Core Technology", *Journal of KICEM 2009 Conference Proceeding*, pp. 47~53

Kim, B. N et. al., (2010). "Optimal Configuration of Energy Conservation Measures for Meeting the Target Energy Saving Ratio of Passive House", *The Korean Solar Energy Society 2010 Conference Proceeding*, pp. 240~246

Kim, J. H. et. al. (2011). "A Consideration of Construction Methods of Passive Design Elements for Low-Energy Houses", *KOREA INSTITUTE OF ECOLOGICAL ARCHITECTURE AND EVIRONMENT*, 2011

Conference Proceeding, pp. 113~120

Kim, J. W. et. al.(2014), "A Case Study on Estimation of Energy Efficiency and Economic Feasibility for Energy-Saving Remodeling of Small-sized Houses" *Journal of Construction Engineering and Management*, v.15 n.3, pp. 92~102.

K, H. et. al., (2012). "A study on the Applicability of Passive Design techniques - Focused on Cases of Passive House in Korea and China -", *Journal of the Regional Association of Architectural Institute of Korea 2012 Conference Proceeding*, pp. 217~220

Kim, J. S et. al., (2010). "Comparative Experimental Study on the Airtightness of passive house and common house", *KOREA INSTITUTE OF ECOLOGICAL ARCHITECTURE AND EVIRONMENT* 2010 Conference Proceeding, pp. 3~6

Kim, J. S. et. al. (2010). "A study on the comparison analysis of system and standards for low-energy architecture of internal and external", *KOREA INSTITUTE OF ECOLOGICAL ARCHITECTURE AND ENVIRONMENT 2010 Conference Proceeding*, pp. 11~14

Kim, M. K. et. al., (2009). "Passive House Design Methods using Microclimate Modifications", *Journal of AIK*, Vol. 25 No. 8, pp. 39~46

Kim, M. S. et. al. (2013). "POE(Post Occupancy Evaluation) of the heating performance for the low-energy residential building", *KOREA INSTITUTE OF ECOLOGICAL ARCHITECTURE AND ENVIRONMENT 2013 Conference Proceeding*, pp. 10~11

Kim. S. J. et. al., (2012). "A Basic Study on the Performance Improvement of Window through the Analysis of Passive House", *Journal of KICEM, 2012 Conference Proceeding*, pp. 235~238.

Kim, S. I et. al., (2014). "Heating and Cooling Load Characteristics in Apartment Buildings Considering the Design Strategies for Passive House", *The Korean Solar Energy Society 2014 Conference Proceeding*, pp. 90~92

Kong, Y. R. et. al., (2013). "A Comparative Analysis of Building Materials and Greenhouse Gas Emission of Passive Apartment and Existing

Apartment", *Journal of AIK 2013 Conference Proceeding*, pp. 487~488

Kwon. K. W. et. al., (2011). "A Study on Heating Energy Consumption Analysis of a Energy Saving Apartment", *Journal of SAREK 2011 Conference Proceeding*, pp. 412~415

Lee, D. E. et al. (2009). "The Study On the Energy Saving Factors of Passive House", *The Architectural Institute of Korea*, Excellent thesis exhibition, pp. 27~30

Lee, E. D. et. al.(2012), "A Study on the Competitiveness of Green Construction in Construction Firms", *Journal of Construction Engineering and Management*, v.13 n.5, pp. 125~134.

Lee. J. I et. al., (2013). "Decision Making Method for Application of the Passive Design Technologies in the Design Stage of the Low Eenergy Apartment Houses", *Journal of SAREK 2013 Conference Proceeding*, 2013. pp. 559~562

Lee, M. J. et. al., (2014). "Study about Reduction Rates of Building Energy Demand for a Detached House according to Building Energy Efficient Methods", *Journal of AIK*, Vol. 28 No. 5, pp. 275~283

Lee. Y. J. et. al., (2013). "Comparative Analysis on Passive Strategies Designed for Low-energy Housing Plan", *Journal of AIK*, 2013 Conference Proceeding, pp. 307~308

Lim. J. H., (2012). "Educational Contents about Heat Generation and Distribution System for Passive House", *Journal of KIAEBS*, Architectural Environmental Facilities, Vol.6 No.3, pp. 34~37.

Park. G. T., (2012). "A study on the Ventilation performance characteristics in Passive House", *Journal of SAREK*, Air-conditioning and Refrigerating Journal Vol41 No4, pp. 38~46.

Park, S. H et. al., (2005). "The Technology Applied 3 Liter House, Super Energy Saving Building", *KOREA INSTITUTE OF ECOLOGICAL ARCHITECTURE AND EVIRONMENT*, 2005 Conference Proceeding, pp. 183~188

Park, S. J. et. al., (2013). "A Study on Design Current State and Optimization of Envelope Composition of Multi-Family Housings - Focused on

Energy saving and Economic Optimization of Envelope Insulation -", *Journal of the Regional Association of Architectural Institute of Korea*, Vol. 15 No. 2, pp. 109~118

Shin. S. E. et. al., (2010). "A Study of Design principle and Technology performance applied in Passive House - Focused on cases of the apartment type of Passive Houses in European -", *The Korean Housing Association 2010 Conference Proceeding*, pp. 326~331

Shin, K. S. et. al., (2010). "A Study on Passive Elements of Han-Ok on a Standpoint of Feng Shui - Focused on the Old House of Yang-Dong Twon -", *Journal of AIK*, Vol. 29 No. 5, pp. 13~20

Yun. G. Y., (2012). "Passive House Design and Standard", *Journal of KIAEBS*, Architectural Environmental Facilities, Vol.6 No.3, pp. 9~12.

Youn. J. H. et. al., (2013). "Ventilation system characteristics, and field application methods of Passive house", *Journal of SAREK, Air-conditioning and Refrigerating Journal*, Vol42 No9, pp. 78~82

정해조

부경대학교 국제지역학부 교수
문학박사/공학박사
한국유럽학회 회장
국제지역연구학회 회장
한국건축친환경설비영남학회 이사
대한건축학회 정회원
한국건설관리학회 정회원

독일 에너지정책과
패시브하우스의 성공요인

초판인쇄 2019년 2월 25일
초판발행 2019년 2월 25일

지은이 정해조
펴낸이 채종준
펴낸곳 한국학술정보㈜
주소 경기도 파주시 회동길 230(문발동)
전화 031) 908-3181(대표)
팩스 031) 908-3189
홈페이지 http://ebook.kstudy.com
전자우편 출판사업부 publish@kstudy.com
등록 제일산-115호(2000. 6. 19)

ISBN 978-89-268-8774-5 93330